essentials

essentials liefern aktuelles Wissen in konzentrierter Form. Die Essenz dessen, worauf es als „State-of-the-Art" in der gegenwärtigen Fachdiskussion oder in der Praxis ankommt. *essentials* informieren schnell, unkompliziert und verständlich

- als Einführung in ein aktuelles Thema aus Ihrem Fachgebiet
- als Einstieg in ein für Sie noch unbekanntes Themenfeld
- als Einblick, um zum Thema mitreden zu können

Die Bücher in elektronischer und gedruckter Form bringen das Expertenwissen von Springer-Fachautoren kompakt zur Darstellung. Sie sind besonders für die Nutzung als eBook auf Tablet-PCs, eBook-Readern und Smartphones geeignet. *essentials:* Wissensbausteine aus den Wirtschafts-, Sozial- und Geisteswissenschaften, aus Technik und Naturwissenschaften sowie aus Medizin, Psychologie und Gesundheitsberufen. Von renommierten Autoren aller Springer-Verlagsmarken.

Weitere Bände in der Reihe http://www.springer.com/series/13088

Christoph Bieber · Klaus Kamps

Das Impeachment um Donald Trump

Eine Momentaufnahme des polarisierten Amerika

Christoph Bieber
Institut für Politikwissenschaft
University of Duisburg-Essen
Duisburg, Deutschland

Klaus Kamps
Fakultät Electronic Media
Hochschule der Medien Stuttgart
Stuttgart, Deutschland

ISSN 2197-6708 ISSN 2197-6716 (electronic)
essentials
ISBN 978-3-658-30743-1 ISBN 978-3-658-30744-8 (eBook)
https://doi.org/10.1007/978-3-658-30744-8

Die Deutsche Nationalbibliothek verzeichnet diese Publikation in der Deutschen Nationalbibliografie; detaillierte bibliografische Daten sind im Internet über http://dnb.d-nb.de abrufbar.

Planung/Lektorat: Jan Treibel
Springer VS ist ein Imprint der eingetragenen Gesellschaft Springer Fachmedien Wiesbaden GmbH und ist ein Teil von Springer Nature.
Die Anschrift der Gesellschaft ist: Abraham-Lincoln-Str. 46, 65189 Wiesbaden, Germany

Was Sie in diesem *essential* finden können

- Einen Überblick zum Verlauf des Impeachments gegen Donald Trump
- Eine Einschätzung zu den Wechselwirkungen des Verfahrens innerhalb des politischen Systems der USA
- Eine Darstellung zur Wahrnehmung des Verfahrens in der politischen Öffentlichkeit
- Eine Charakterisierung des Regierungsstils von Donald Trump und die Auswirkungen auf den Parteienwettbewerb in den USA
- Einen Ausblick auf die Einbettung des Impeachment-Verfahrens in das Wahljahr 2020

Inhaltsverzeichnis

1 Einleitung

In Karl Poppers „Die offene Gesellschaft und ihre Feinde" findet sich der spannende Gedanke, es käme in Demokratien nicht nur darauf an, wie Mandats- und Amtsträger gewählt würden, sondern mehr noch: Wie man rasch und unblutig solchen Politikern die Verantwortung wieder entziehen könnte, die sich als unfähig erweisen. Knapp 75 Jahre später beschäftigte die Vereinigten Staaten von Amerika, eine der ältesten westlichen Demokratien, die Frage, wie eine solche Amtsenthebung höchst praktisch zu bewerkstelligen sei. Donald Trump stand, nicht ganz drei Jahre nach seiner Wahl, im Mittelpunkt eines *Impeachment:* Der von der US-Verfassung vorgesehenen Möglichkeit, Präsidenten vorzeitig abzulösen.

Was war geschehen? Mitte September 2019 sickerte in Washington durch, ein anonym bleibender Informant aus den Reihen der Geheimdienste habe die für solche Fälle vorgesehenen Kanäle und Verfahren innerhalb der US-Regierungsbürokratie genutzt, um eine offizielle Beschwerde gegen Präsident Donald Trump einzureichen. Trump habe in einem Telefonat im Juni mit dem ukrainischen Präsidenten Wolodymyr Selenskyj unter anderem darauf gedrängt, er möge eine Untersuchung gegen Hunter Biden wegen Förderung der Korruption in seinem Land auf den Weg bringen. Hunter, der Sohn von Joe Biden (dem wahrscheinlichen Gegenkandidaten Trumps bei der anstehenden Präsidentschaftswahl), hatte jahrelange Geschäftsbeziehungen in die Ukraine gepflegt. Im Raum stand also die Idee des Amtsmissbrauchs und der Vorwurf, Präsident Trump habe versucht, eine „Schmierenkampagne" (Nelles 2019) gegen Biden und dessen Familie zu starten und zu diesem Zweck eine ausländische Regierung unter Druck gesetzt.

Trumps Reaktion: Das Gespräch sei „schön, warm und nett" gewesen – später soll das „perfekte Telefonat" zum Mantra seiner Reflektion werden. Allerdings

C. Bieber und K. Kamps, *Das Impeachment um Donald Trump,* essentials,
https://doi.org/10.1007/978-3-658-30744-8_1

wurden bei den Demokraten sofort Stimmen laut, nun aber müsse man (endlich) über ein Amtsenthebungsverfahren nachdenken. *Nun aber?* In der Tat hatte die Frage eines *Impeachment* schon früher im Raum gestanden, u. a. im Zusammenhang mit der Mueller-Untersuchung in der Russland-Affäre. Bislang jedoch hatten wichtige Demokraten im Kongress, allen voran Nancy Pelosi (die Mehrheitsführerin im Repräsentantenhaus), davor zurückgeschreckt: Weil man den Versuch schon allein als machtpolitisches Manöver denunzieren könnte. Als indes innerhalb kurzer Zeit klar wurde, dass Trump nicht nur seinen persönlichen Anwalt, Rudolph Giuliani, mit einer Art Mission in der Ukraine beauftragt hatte, sondern sehr wahrscheinlich auch vom Kongress bereits gebilligte Hilfsgelder zurückgehalten habe, bis die von ihm gewollte Untersuchung von Hunter Biden von der Ukraine angekündigt würde, da schienen mindestens Untersuchungen zu einem solchen Amtsenthebungsverfahren unumgänglich. Am 24. September verkündete Pelosi schließlich, eine Untersuchung zu einem möglichen *Impeachment* würde nun formell über das Repräsentantenhaus auf den Weg gebracht. Die Anschuldigungen seien weitreichend, der Präsident habe offenbar in einem Lehrbuchbeispiel für Amtsmissbrauch Hilfsgelder der USA aus persönlichen (niederen) Gründen zurückgehalten und damit zugleich die Sicherheit der Vereinigten Staaten gefährdet. Man müsse nun handeln. Das verlange nicht das taktische Kalkül, sondern der politische Anstand und die Pflicht gegenüber Amerika und der Verfassung.

Damit also nahm das dritte *Impeachment* in der Geschichte der USA seinen Lauf. Und es waren in der Tat denkwürdige Wochen in Washington – eine Hoch-Zeit des politischen Amerikas, ein Spiegel des Zustandes des politischen Systems, der Medien und der Gesellschaft.

Impeachment – der Begriff bezeichnet das in der Verfassung der Vereinigten Staaten formulierte Amtsenthebungsverfahren gegen den Präsidenten. Es lässt sich nur als gemeinsame Anstrengung beider Häuser des Kongresses durchführen; eine tatsächliche Amtsenthebung erfordert daher einen überparteilichen Konsens. Das Impeachment beginnt mit einer im Repräsentantenhaus vorbereiteten „Anklage", die an den Senat weitergeleitet wird. Dort findet das eigentliche Verfahren statt, dessen genaue Regeln und Abläufe erst im Zuge der Durchführung festgelegt werden. Damit nehmen die jeweiligen Mehrheitsführer in *House* und *Senate* zentrale Rollen ein. Und darin spiegelt sich auch, dass den *Framers of the Constitution* (den Verfassungsvätern) der Austausch zwischen den politischen Strömungen bei einem solch gravierenden Einschnitt enorm wichtig war. Ihr zentraler Verfassungsgedanke einer institutionellen Machtverschränkung, der *checks and balances,* zeigt sich auch in der Rolle des *Chief Justice,* der als oberster Bundesrichter die Verhandlung im Senat leitet.

Vom Beginn der Ermittlungen im September vergingen noch beinahe zwei volle Monate bis zur formellen Anklageerhebung am 18. Dezember. Erst Mitte Januar 2020 erreichte der Schriftsatz den *Senate Floor* im Kapitol, wo dann vom 16. Januar an verhandelt wurde. Am 5. Februar folgten die Abstimmungen über zwei Anklagepunkte: Machtmissbrauch *(abuse of power)* und Behinderung des Kongresses *(obstruction of congress)*. Das Verfahren mündete schließlich im Freispruch *(acquittal)* für Donald Trump. Die Republikaner im Senat hatten dem *try* der demokratischen Mehrheit im Repräsentantenhaus standgehalten.

Die Framers, die Republik und ein Ersatzkönig 2

Als Nancy Pelosi am 1. November 2019 in der *Late Show* von Stephen Colbert zu Gast war, sprach sie von einer Prüfung, die die Geschichte dem Kongress auferlegt habe – ob man würdig sei: „Worthy of our constitution, our founders“. Niemand stünde über dem Gesetz. Und sie erinnerte an eine Anekdote aus der Gründerzeit der Staaten: Am Tag der Unterzeichnung der Verfassung, am 17. September 1787, wurde Benjamin Franklin, als er die *Independence Hall* verließ, von einer Bürgerin aufgehalten und gefragt „What do we have, Mister Franklin? A monarchy? Or a republic?“ Franklins berühmte Antwort: „A republic. If we can keep it.“ Ein Republik also. *Wenn man sie denn bewahren könnte.*

Die Demokraten schienen eine Last der Geschichte zu verspüren. Als Pelosi am 5. Dezember nach Wochen der Voruntersuchung schließlich das Verfahren förmlich auslöste, berief sie sich auch auf die Unabhängigkeitserklärung und den Akt der Abkehr von einer korrupten Monarchie. Sie berief sich auf James Madison, der davor gewarnt habe, künftige Präsidenten könnten verführt sein, das Land zum eigenen Vorteil zu verraten. Schmerzhaft genug, dass man sich nun gezwungen sehe, gegen Donald Trump vorzugehen, der das Amt missbraucht und seinen Eid gebrochen habe: „Our democracy is what is at stake. The president leaves us no choice but to act because he is trying to corrupt, once again, the election for his own benefit.“ („Read Nancy Pelosi’s Remarks“ 2019). Wenn man Trump für sein Verhalten nicht zur Rechenschaft ziehe, seien künftige Wahlen gefährdet – und damit die amerikanische Demokratie. Natürlich wusste Pelosi, dass es schwer sein würde, die notwendige Mehrheit im Senat zu erlangen.

C. Bieber und K. Kamps, *Das Impeachment um Donald Trump,* essentials, https://doi.org/10.1007/978-3-658-30744-8_2

Checks and Balance und das Impeachment

Tatsächlich beschäftigte die Frage, wie man ein vor üblen Charakteren geschütztes Regierungssystem gestalten müsste, die Gründerväter *(Framers)*, lange und ausführlich. Dass eine einzige Person (und mit welchen Befugnissen?) an der Spitze der Regierung stehen sollte, war in der Verfasssungsdiskussion ein höchst umstrittenes Thema (Priess 2018). Man einigte sich schließlich auf die bekannte Formel der *checks and balances* – der gegenseitigen Kontrolle und des Gegengewichts der Staatsgewalten (Schreyer 2018). Was damit nur angedeutet werden soll: An der Wiege der USA stand ein ausgeprägtes Misstrauen gegenüber den Machtambitionen einzelner Personen und der *Factions* – seinerzeit ein Schimpfwort für politischen Klüngel. So schrieb James Madison im 51. Artikel der *Federalist Papers*[1]: „Ambition must be made to counteract ambition." Das zielte auf den Kongress, aber eben auch auf den Präsidenten und sein Amt. Und in diesen Kontext der gegenseitigen Kontrolle ist das Impeachment zu betten: als Sollbruchstelle – um, mit den Worten von Franklin, die Republik zu bewahren. Aus einem *president-elect* müsse wohl ein *president-eject* werden können. Was die *Framers* in diesem Punkt umtrieb, ist tief in der DNA der Vereinigten Staaten eingewoben: Verhindert werden sollten willkürliches Gehabe, Despotie und egozentrische Pflichtverletzungen, kurz: Freiheitsberaubung. Insbesondere fürchtete man eine Art schwer verdaulichen Ersatzkönig, vor allem – einen Demagogen.

Abgewendet werden sollte aber auch vorschneller politischer Eigennutz durch andere Staatsgewalten, die sich aus rein machtpolitischen Gründen dazu hinreißen lassen könnten, das *Impeachment* quasi im Tagesgeschäft zu bemühen. Im schlimmsten Fall würde so etwas die basale Funktion demokratischer Wahlen aushebeln. Etwa müsste es für weitreichende Entscheidungen wie außenpolitische Verträge oder Verfassungsänderungen eine qualifizierte Zwei-Drittel-Mehrheit geben, um Partikularinteressen und überhastete Entscheidungen zu verhindern. Eine solche qualifizierte Mehrheit hat man dann auch für Amtsenthebungsverfahren in die Verfassung geschrieben: Jedoch nur für die Urteilsfindung im Senat, die förmliche Eröffnung der Anklage durch das Repräsentantenhaus bedarf allein eine einfache Mehrheit. Ein Instrument also zur vorsichtigen Anwendung. Nachdem sich in den USA über das Wahlsystem ein Zwei-Parteien-System entwickelt

[1]Die Federalist Papers sind eine Sammlung von 85 Artikeln, die im Zuge der Verfassungsgebung 1787/88 in der New Yorker Zeitungen erschien, und in der drei Gründerväter – Hamilton, Madison und Jay – den Entwurf der Constitution diskutierten.

hat, bedarf es damit eines gewissen *überparteilichen* Konsenses, um den Präsidenten seines Amtes zu entheben.

Die US-Verfassungsväter griffen mit dem Impeachment auf eine fast vergessene britische Rechtsklausel aus dem 14. Jahrhundert zurück, eine Klausel, die dem Parlament das Recht gab, Minster des Königs aus dem Amt zu jagen. Man stutzte dem König die Flügel, indem man seine Leute absetzte (der Monarch selbst war sakrosankt). In der Tat reagierten die *Framers* nach dem Studium der englischen Geschichte mit dem Impeachment auf ein „law of knavery", auf die Notwendigkeit eines Schurkenstückes: Es gäbe einfach keinen sanften Weg, einen furchtbaren König los zu werden. Bürgerkrieg? Eine knackige Revolution? Hinterlist und Attentat? Da schien das Impeachment, von dem man da las, etwas cleverer und ziviler (Lepore 2019).

Als Despot gab der englische König George III aus der Sicht der amerikanischen Kolonialisten eine leidlich vorzeigbare Figur. Aber was für einen *Demagogen* hatten die *Framers* im Kopf? Alexander Hamilton bemerkte dazu in den *Federalist Papers* (Nr. 85): Despotie könne man erwarten von einem Demagogen, der die Öffentlichkeit permanent und systematisch belüge, die Opposition schmähe und im Namen eines Volkswillens die Verfassung und die Gesetze missachte. Die konstitutionelle Ordnung, in der ein Präsident an die Stelle des Monarchen trat (aber keiner sein durfte), sollte also zum einen überhaupt Vorkehrungen treffen, Lügner, Schurken, üble Egoisten und Demagogen vorzeitig abzulösen zu können, zum anderen aber erschweren, nach Gutdünken zu verfahren. Mit einem Zitat von George Mason: „Eine Form der Absetzung eines ungeeigneten Amtsträgers ist unabdingbar, einmal aufgrund der Fehlbarkeit derjenigen, die wählen, einmal aufgrund der Korrumpierbarkeit von Gewählten." (Lepore 2019).

3 Anhörungen und Anklage

Es herrschte also Geschichte in Washington. Das Verfahren gegen Trump: historisch sowieso, und in den Augen des Präsidenten die (natürlich) „größte Hexenjagd", die das Land bislang gesehen habe. Nachdem die ersten öffentlichen Anhörungen im Repräsentantenhaus abgeschlossen waren, übernahm das *Judiciary Committee* die Federführung – und befragte vier renommierte Juristen und Professoren, die das Ganze aus ihrer Sicht in die *Rechtsgeschichte* einordneten. Bezeichnend fast, denn damit schloss man an jenen *historischen* Bezug an, der die Auseinandersetzung soweit (mit) geprägt hat. Überwiegend referierten sie dabei ein weites Verständnis von dem, was als Anlass für ein Amtsenthebungsverfahren verstanden werden kann: Natürlich nicht einfach nur politische Entscheidungen, die von Betroffenen als „schlecht" empfunden würden oder weil das Verhalten des Präsidenten die gängigen Umgangsformen der Zeit verletzen. Doch käme alles in Betracht, was die *besonderen Pflichten eines Amtsträgers* verletze – und damit eben nicht nur strafbare Handlungen im Sinne des je aktuellen Gesetzbuches.

Der historische Bezug ist also kein akademisches Fingerspiel. Er soll helfen, das Verhalten des Präsidenten abzugleichen mit der vagen Formulierung der Verfassung, die von „high crimes and misdemeanors" spricht. Ist alles dann eine Frage der Auslegung? Gerald Ford umschrieb 1970 im Zusammenhang einer Anstrengung, einen Richter des Supreme Court seines Amtes zu entheben, einen „impeachable offense" mit: „(…) whatever a majority of the House of Representatives considers it to be at a given moment in history." (Lepore 2019). Das galt seinerzeit schon als zynisch. Nach vorherrschender Meinung ist dagegen all das ein Machtmissbrauch, was die nationalen Interessen der USA verletzt und das Vertrauen in die amerikanische Republik untergrabe.

Der Kandidat Trump mag die Vorstellung gehegt haben, er könne auf der 5th Avenue in New York jemanden umbringen: Man würde ihn trotzdem wählen.

C. Bieber und K. Kamps, *Das Impeachment um Donald Trump,* essentials,
https://doi.org/10.1007/978-3-658-30744-8_3

Als Präsident hat er geschworen „to preserve und protect the constitution". Gegen diesen Verfassungseid würde er nicht nur durch eine strafbare Handlung verstoßen oder eine Verletzung der Pflichten, die ihm auferlegt sind, sondern eben auch durch den missbräuchlichen Gebrauch seiner Rechte. Ein Beispiel: Der US-Präsident hat ein weitreichendes Begnadigungsrecht. Er kann grundsätzlich begnadigen, wen er will. Das steht in der Macht seines Amtes. Wenn er aber massenweise Kriminelle freikommen ließe, weil er sie aus der Nachbarschaft kennt, würde er gegen den Grundsatz verstoßen, die Konstitution und die Nation mit bestem Wissen und Gewissen zu schützen. Er könnte *impeached* werden. Dem Präsidenten kann man also in seiner Amtsführung genau deshalb Dinge vorwerfen, die ein Strafgesetzbuch nicht kennt, weil mit diesem Amt ganz außergewöhnliche Umstände und Möglichkeiten einhergehen. „The President has powers that only a President can exercise, or abuse. Were these powers beyond the reach of the people's power, impeachment would be a dead letter." (Lepore 2019).

Spätestens als der Ukraine-Gesandte der USA, William Taylor, vor dem Repräsentantenhaus bezeugte, dass es einen explizit so gewollten Zusammenhang gegeben habe zwischen der tatsächlichen Auszahlung einer bereits vom Kongress (und dort von beiden Parteien) genehmigten Militärhilfe an die Ukraine und einer offiziellen Ankündigung seitens der ukrainischen Regierung, man ermittele gegen Hunter Biden, war Trumps Verfehlung kaum noch zu leugnen. Es folgten der amerikanische Botschafter bei der EU, Gordon Sondland, der frühere Äußerungen korrigierte und nun doch ein Tauschgeschäft verstanden haben wollte; die ehemalige US-Botschafterin in der Ukraine, Marie L. Yovanovitch, sowie weitere Diplomaten und Mitarbeiter des Weißen Hauses, die allesamt den Eindruck verstärkten, der Präsident habe im Verbund mit einigen Gefolgsleuten (allen voran seinem Anwalt Rudolph Guiliani) eine politisch motivierte Schattenpolitik initiiert. Kurz: es gab klare Hinweise dafür, dass der Präsident der USA seine außenpolitische Macht nutzen wollte, um einen innenpolitischen Gegner zu skandalisieren. In der Konsequenz nannte es Nancy Pelosi Mitte November „bribery", also Bestechung: würdig der Amtsenthebung, ein Missbrauch von politischer Macht zum persönlichen Nutzen.

Man möchte annehmen, es ginge bei einem derart fundamentalen Vorgang vor allem um das oder die Vergehen. Das ist sicher auch so. Von Beginn an aber konzentrierte sich der Konflikt auf etwas anderes. Denn im Spätherbst 2019 bestand kaum Zweifel daran, *dass* es zu einer formellen Anklage durch das Repräsentantenhaus kommen würde. Zu offensichtlich belasteten die Vorwürfe den Präsidenten. Zu konkret war der Verdacht auf einen Amtsmissbrauch – und zu sehr drängte es die eine Seite des politischen Amerikas, Donald Trump aus dem Weißen Haus zu jagen. Und weil man sich ziemlich sicher sein konnte, dass das Repräsentantenhaus eine Amtsenthebung letztlich anstrengen würde, ging es immer auch und durchaus spektakulär um die öffentliche Meinung: Die wohl einzige Macht, die Teile der republikanischen Mehrheit im Senat davon zu überzeugen könnte, dass das Ende der Präsidentschaft Trumps ein Ende vielleicht mit Schrecken wäre, aber ein Ende haben sollte. Eine Zweidrittel-Mehrheit des Senats müsste das so sehen – und damit mindestens 20 republikanische Senatoren.

Nur eine Frage des Verfahrens?

Das würde schwierig werden. So ist in der Verfassung die Rede von „treason, bribery, or high crimes and misdemeanors“: von Verrat, Bestechung, Verbrechen und anderem Fehlverhalten als Voraussetzung einer Amtsenthebung. Das ist Verfassungsstil, also auslegungsbedürftig, wie wir gesehen haben. Und insofern gibt es Fluchträume. Quid pro quo? Militärhilfe im Gegenzug für eine öffentliche Ankündigung, man untersuche die „korrupten Bidens“? *Get over it!* – so in etwa der Tenor von Mick Mulvaney, dem seinerzeitigen *Chief of Staff* im Weißen Haus. Mulvaney stellte ein *messaging team* zusammen: nach dem Vorbild von Bill Clinton, der damit Ende der 1990er Jahre „sein“ Impeachment überstand.

Überhaupt lässt sich ironischerweise fragen: Fehlverhalten? Es war das Jahr drei der Präsidentschaft Trump. Das Land war und ist, beschönigend gesprochen, einiges gewohnt. Die Messlatte wurde von Trump selbst recht hoch gelegt. Dass er während seiner Amtszeit nicht davon abließ, politische Gegner und Kritiker zu beleidigen und so gut wie jede Konvention der politischen und demokratischen Kultur vorzuführen, wirkt schon lange wie eine Petitesse. Und so verschlug es Amerika nur kurz und nur in Teilen die Sprache, als er mitten in den Voruntersuchungen und vor laufender Kamera die Ukraine und China gleich noch dazu aufforderte, die Sache mit den Bidens näher zu untersuchen.

Strategische Linie der Republikaner blieb zunächst die Deutung – und sie stand auch im Vordergrund der medialen Begleitung durch die rechtskonservativen Medien –, die Demokraten würden fundamentale Rechte des Präsidenten missachten. Die Legitimation des Vorgangs derart in Frage zu stellen, war möglich, eben weil die Verfassung das Impeachment als solches zwar nennt (und auch allgemein die Rollen von Senat und Repräsentantenhaus), aber keine präzisen Angaben macht etwa zu Transparenzpflichten. Diesen Hebel benutzten die Republikaner Lindsey Graham und Mitch McConnell in einer im Senat eingegebenen Resolution, die den Demokraten des Repräsentantenhauses eine unfaire Untersuchung vorwarf: Weil sie der republikanischen Minderheit im Haus Rechte verweigere, die in den Verfahren z. B. gegen Clinton oder Nixon sehr wohl gegeben waren.

Das war umstritten. Auch, dass notwendigerweise eine erste Abstimmung im Repräsentantenhaus nötig sei, wenn man beginne, Leute zu befragen. Das alles klingt so verfahrenstrocken, wie es ist. Und das dürfte dann ein Grund gewesen sein für eine einprägsame Aktion am 23. Oktober: Rund zwei Dutzend republikanische Repräsentanten verhinderten durch ein „Sit-In" in den Räumen des *House Intelligence Committee* für einige Stunden, dass der Ausschuss seine Arbeit fortsetzen konnte. Dass die drei *Committees,* die die Untersuchung führten, keine Exklusivveranstaltung der Demokraten waren, sondern rund ein Viertel aller Republikaner des Repräsentantenhauses dort teilnahm, schien die hohen Demonstranten nicht weiter zu fichten. Eine eindrückliche Zusammenfassung seiner Position fand Steve Scalise, die Nummer Zwei der Republikaner im *House:* „This is a Soviet-style process. It should not be allowed in the United States of America."

Von dieser „Überzeugung" ließen die Republikaner keinen Deut ab, als das Repräsentantenhaus das Verfahren tatsächlich formalisierte und das weitere Vorgehen festlegte – einschließlich öffentlicher Anhörungen unter Berücksichtigung der (Beteiligungs-)Rechte des Präsidenten und seiner rechtlichen Vertreter. Die Vorlage wurde von den Republikanern erfolglos, aber einstimmig abgelehnt. Während also die Demokraten auf die historische Gefahr verwiesen, denen sich die amerikanische Demokratie ausgesetzt sehe, versammelten sich die republikanischen Abgeordneten hinter Trumps Sicht der Dinge, wonach man es mit einer Hexenjagd zu tun habe (Fandos und Stolberg 2019). Ausgeführt, so der Präsident auf einer Veranstaltung in Louisiana, von einer „unholy alliance of corrupt Democrat politicians, deep state bureaucrats and the fake news media." (Rogers 2019).

Der Ersatzkönig und seine Taten

„Quid pro quo"? Derart bewegte diese an den „Paten" erinnernde „do-us-a-favor"-Formel die Voruntersuchung. Nun – Trump selbst hielt immer an der Idee fest, das im Zentrum des Skandals stehende Telefonat sei „perfekt" gewesen. Und die republikanische Partei folgte ihm: Ein Eigeninteresse sei wirklich nicht erkennbar, und der Präsident habe ein nachvollziehbares Interesse, die Korruption in der Ukraine einzudämmen. Andererseits natürlich die Demokraten: Beinahe alle Zeugenaussagen untermauerten ihre Sicht eines *scheme,* einer

Intrige zum politischen Vorteil Trumps. Die amerikanische Außenpolitik und deren Ressourcen für ein *negative campaigning* gegen einen politischen Gegner einzusetzen, sei ein geradezu lehrbuchartiges Vergehen in Sachen Machtmissbrauch, eine Ignoranz gegenüber den Interessen des Landes. „If what we're talking about is not impeachable, then nothing is impeachable. (…) This is precisely the misconduct that the framers created the Constitution, including impeachment, to protect against" – so der Rechtsprofessor Michael J. Gerhardt vor dem Justizausschuss (Fandos und Shear 2019). Erschwerend kam hinzu, dass das Fehlverhalten des Präsidenten auf ein Kernelement der Demokratie abzielte, die Wahlen.

Der zweite Anklagevorwurf, den die Demokraten am 10. Dezember förmlich vorlegten, zielt auf das Verhalten des Präsidenten während der Untersuchung. Trump habe durch seine beispiellose Missachtung des Verfahrens die Rechte des Kongresses verletzt. Und zwar in zweierlei Hinsicht. Erstens die totale Blockade jeder Kooperation: aus dem Weißen Haus würden keine Akten zur Einsicht frei gegeben, Zeugen würden angewiesen, die Vorladungen des Kongresses zu ignorieren, Rechte der Justizkommission einfach nicht beachtet. Zweitens spiele Trump – als *modus operandi* – die Palette der demagogischen Kunst *(dark arts):* Fakten würden verdreht, Kongressabgeordnete diskreditiert, beleidigt und attackiert, die Öffentlichkeit belogen, die Partei aufgeputscht, Zeugen eingeschüchtert. Ganz nebenbei verdeutlichte dieses Verhalten ein besonderes Paradox des Impeachment: Gedacht als *fail-safe protection* gegenüber Demagogen, ist genau das, was den Präsidenten zum Demagogen macht, womöglich auch sein stärkstes *tool kit* gegen die Amtsenthebung.

Der Ausbruch eines erbitterten Kampfes um Unterstützung, geführt mit allen verfügbaren Mitteln – auch das hatten die Verfassungsväter geahnt: „A torrent of angry and malignant passions will be let loose. To judge from the conduct of the opposite parties, we shall be led to conclude that they will mutually hope to evince the justness of their opinions, and to increase the number of their converts by the loudness of their declamations and the bitterness of their invectives." Gleich im ersten Artikel der *Federalist Papers,* seiner allgemeinen Einführung, notierte Hamilton Begleitumstände und Tonart des politischen Streits. Viel geändert hat sich nicht – die medialen Bühnen sind größer und greller geworden, die Zurschaustellung der böswilligen Temperamente häufiger. Ansonsten herrscht Kontinuität.

Seit Ronald Reagan im Januar 1981 das Amt antrat, wurde in jeder Präsidentschaft der Ruf nach einem Impeachment laut, auch im Kongress. Je geteilter die Nation, desto lauter die Stimmen. In den Jahren seit der Wahl Donald Trumps hat sich das Land weiter polarisiert, und die Republikaner haben sich mit dem Präsidenten, den sie eigentlich nicht in ihren Reihen haben wollten, arrangiert.

Oder besser: er hat sie arrangiert. Über zwei Jahrhunderte, konnte die Exekutive *nicht* der Legislativen ausweichen, ohne Konsequenzen der Logik des *checks and balance* zu spüren. Das hat sich geändert. Denn Trump hat eben jene Atmosphäre angetroffen und ausgebaut, die ihm im Impeachment einen populistischen Verteidigungsstil erlaubte. Eine Figur wie ihn haben die *framers* erahnt, die *factions* gefürchtet – mit gutem Recht.

Trump indes konnte sich auf die republikanischen Abgeordneten und Senatoren verlassen. Es störte sie nicht, dass praktisch jede Zeugenbefragung Trump weiter belastete. Längst schon hatten sie sich ausgeliefert, und bei *Fox News* verfolgten sie, wie die Basis bei den Jubelveranstaltungen in den *fly-over-States* aufgepeitscht wurde. Und von den Kommentaren der Moderatoren lernen sie, dass die Demokraten – obwohl doch eigentlich nichts passiert sei – eine orchestrierte Kampagne führten, um den Wählerwillen auf den Kopf zu stellen. Vom *deep state* gar nicht erst zu sprechen, der in Gestalt der Zeugen so offenkundig wäre – eine Verschwörungstheorie, nach der sinistre Bürokraten eine üble Kabale spinnen würden, um Trump in den Rücken zu fallen. So führte Trump nach fast zweieinhalb Jahrhunderten amerikanischer Demokratie eine neue konstitutionelle Norm ein als bleibende Erinnerung an seine Präsidentschaft: *checks and balance* allein eine vage *Empfehlung* vergangener Tage.

4 Die Geschichte von den zwei Impeachments: Medien, Internet, Umfragen

Die Rolle der Medien – analog wie digital – ist seit der Kampagne um das Weiße Haus 2016 zentral für Donald Trump und seine Präsidentschaft, in guten wie in schlechten Zeiten. Die Erfahrung einer radikal polarisierten Öffentlichkeit hat der Präsident bereits während des Wahlkampfs erlebt; bei seinen *campaign rallies* traf er (fast) im ganzen Land auf ein elektrisiertes, enthusiastisches Publikum, das ihm überall hin folgen würde. Und in der medial vermittelten Öffentlichkeit sah er sich offener Häme ebenso wie harscher Kritik gegenüber, fand dort aber auch vorbehaltlose Unterstützung – größer konnten die Gegensätze nicht sein. Das Leben in geteilten Medienrealitäten wurde spätestens seit der Amtseinführung im Januar 2017 zu einer Standardsituation der Regierungskommunikation: „Wir gegen die" oder „Die gegen uns" waren die einzig gültigen Perspektiven auf die kommunikative Situation rund um das Weiße Haus. Wesentliche Beiträge dazu lieferten drei zentrale Säulen der öffentlichen Kommunikation: die Berichterstattung in den traditionellen Massenmedien (wahlweise als Tageszeitung oder klassisches *Network TV*), Status und Stimmung in den sozialen Netzwerken im Internet sowe die regelmäßigen Umfragen großer Meinungsforschungsinstitute.

Genau hier liegt ein zentraler Unterschied zu den bisherigen Impeachment-Verfahren. Über Andrew Jackson und die Ansätze einer bürgerlichen Öffentlichkeit im 19. Jahrhundert muss hier nicht weiter diskutiert werden – wohl aber über die Situation Ende des 20. Jahrhunderts beim Impeachement gegen Bill Clinton. Zwar hatte hier mit Matt Drudge ein Online-Journalist die Dynamik der öffentlichen Debatte angeheizt, doch war der zentrale Impuls zur Skandalisierung der Situation um die Praktikantin Monica Lewinsky von traditionellen Medienakteuren ausgegangen. Auch hatte der Präsident vor allem auf das Fernsehen gesetzt, als es um eine Gegenstrategie ging: Das öffentliche

C. Bieber und K. Kamps, *Das Impeachment um Donald Trump*, essentials,
https://doi.org/10.1007/978-3-658-30744-8_4

Schuldeingeständnis wurde als Videobotschaft transportiert und ebnete schließlich den Weg zum Freispruch im Senat. Profitieren konnte Bill Clinton zudem von einer weniger harten Frontlinie zwischen den Parteien: Ein Konsens quer zu den Parteigrenzen war seinerzeit durchaus noch möglich.

Als im Spätsommer 1998 die republikanische Mehrheit im Repräsentantenhaus das Impeachment gegen Bill Clinton vorbereitete, stimmten 31 Demokraten mit den Republikanern – zur Erleichterung der Fraktionsführung der Demokraten, denn man hatte mit weit mehr gerechnet. Bei Trump wären wohl deutlich weniger „Abweichler" bereits als dramatisch empfunden worden. Wenn noch ein Beleg notwendig gewesen wäre für die extreme Polarisierung Amerikas, dann hätte diese Abstimmung im November 2019 ihn erbracht: Dass nicht einer der 230 Republikaner*innen im Haus das Verfahren unterstützte, war symbolträchtig genug.

Divided country, divided media

Die eigentliche Bewertung des präsidentiellen „Verhaltens" stand da längst hinter der Auseinandersetzung um die öffentliche Meinung zurück. Das konnte man erwarten: Schon bei Bill Clinton und Richard Nixon, in einem weit weniger gespaltenen Land, war es diese *public opinion,* die den Ausschlag gab. Sie zeigte den Protagonisten auf, wie ihre (Wieder-)Wahlchancen aussahen – im Spiegel der Meinungen ihrer Wahlkreise. Vielleicht sollte man angesichts dieser Parallelwelten besser von *zwei* Verfahren sprechen, die an zwei Publika gerichtet waren, durchaus im Stil einer direkten Wähleransprache in sorgfältig voneinander getrennten politischen Öffentlichkeiten und Lebenswelten.

Die Demokraten sahen sich „historisch verpflichtet". Der Präsident habe nicht nur die amerikanischen Sicherheitsinteressen in der Ukraine aus persönlichen Motiven riskiert, er attackiere die Gewaltenteilung und damit die Verfassung höchstselbst. Dass es sich hier nicht nur um ein missverständliches Telefonat und ein Hörensagen gehandelt hat, sondern um eine rücksichtslose Schattendiplomatie, das hätten die öffentlichen Anhörungen deutlich gemacht.

Demgegenüber folgten die Republikaner im Kongress nahezu unisono Trumps Linie der totalen Obstruktion. Schließlich sei der Präsident nicht mit einer *smoking gun* erwischt worden. Die Vorwürfe beruhten allesamt auf Gerüchten, seien weder substanziell noch justitiabel. All die Geschichten, die da in langen Stunden der Anhörung um ein harmloses Telefonat kreisten, seien nichts weniger als eine Schmierenkomödie (und kein von der Verfassung geschütztes Verfahren). Eine solche Mentalität richtete sich natürlich an Trump selbst; aber auch an die

Unterstützer des Präsidenten und zeigte ihnen, dass es nach wie vor gelte, den (sozialistischen) Demokraten zu misstrauen. Und es war erneut viel Lärm um den *deep state.* Dazu passte das Bild der frustrierten Demokraten nur allzu gut. Mehr noch: in den öffentlichen Anhörungen manifestierte sich dieser Schattenstaat überaus stimmig in den befragten Diplomaten.

Vom Inside- zum Outside-Game

Lebendig erhalten wurde diese *deep-state*-Erzählung vor allem von *Fox News,* Trumps medialem Rückhalt. Er lieferte den (möglicherweise zweifelnden) republikanischen Senatoren die Vorstellung einer ungetrübt dem Präsidenten folgenden Öffentlichkeit. Dabei bediente der Sender vornehmlich die Idee, die im Raum stehenden Vorwürfe würden gar kein Fehlverhalten darstellen. Das Vorgehen der Demokraten gleiche damit einem *Coup,* und dementsprechend seien die Angriffe auf Trump der eigentliche Skandal und ein Angriff auf die amerikanische Nation.

Spätestens mit den öffentlichen Anhörungen vom November befand man sich dann mitten im *Outside-Game:* Während das *Inside-Game* die politischen Auseinandersetzung in den Parlamenten (und Regierungsbehörden) bezeichnet, gestalten im *Outside-Game* solche Akteure die Konfliktführung, die eigentlich „nur" Beobachter sind – inzwischen übernehmen die so genannten *surrogates* als „geliehene", aber keineswegs unabhängige Expertenstimmen einen großen Anteil in der politischen Berichterstattung. Dass sich dabei auch im Fernsehen mindestens zwei Welten öffnen, überraschte so recht niemanden mehr: Am Tag der ersten Anhörung eröffnete Rachel Maddow ihr Prime-Time-Format bei MSNBC mit den Worten, Trump sei bei etwas „Illegalem erwischt worden". Sean Hannity von Fox hingegen begrüßte seine Zuschauer zeitgleich mit den Worten, es sei ein „großer Tag für die Vereinigten Staaten, für das Land, für den Präsidenten – und ein lausiger für die korrupten, nichtsnutzigen, radikalen, extremen, sozialistischen Demokraten und ihre Verbündeten, besser bekannt als der Medien-Mob" (Grynbaum 2019).

Interessanterweise fassten die bei den Anhörungen beteiligten Republikaner – also *Insider* – die befragten Diplomaten recht „sanft" an; sie konzentrierten sich darauf, deren Aussagen als „Hörensagen" abzutun. Weit weniger zurückhaltend zeigte sich Fox: Dort ging man z. B. Oberst Vindman massiv an. „Experten" und Moderatoren zweifelten offen an seinem Patriotismus, ja unterstellten Spionage. Trump spiegelte das und nannte Vindman auf Twitter wiederholt einen „Never Trumper", was wohl schlecht sei. Derart machte *Fox News* einen wichtigen

Unterschied zum Impeachment von Richard Nixon. Auch der hatte mediale Stützen. Aber seinerzeit waren die Nachrichtenmedien von weit geringerer Reichweite, nicht eingebunden in ein sich gegenseitig ewig weiterzitierendes, rechtskonservatives Medien-Ökoksystem (Benkler et al. 2018).

Konsequenterweise schloss sich Trump, der auf ein Geben-und-Nehmen mit Fox schon lange eingestellt war, in der ersten Woche dem *Outside-Game* an. Eine der wohl spektakulärsten Befragungen dürfte die von Marie Yovanovitch gewesen sein, die in einer fast sechsstündigen Befragung in klaren Worten schilderte, wie Trump, Giuliani und deren Mitstreiter sie über eine Rufmordkampagne einzuschüchtern versucht hatten, bevor der Präsident sie schließlich ihres Amtes als US-Botschafterin in der Ukraine enthob. Schon zuvor hatte Trumps Sohn Yovanovitch auf Twitter als „Witzfigur" bezeichnet; nun, *während* (!) der Befragung, verunglimpftet sie der Präsident höchstselbst live – unwürdiger, mag man meinen, ist schwer vorstellbar.

Das Impeachment als Hörspiel: Podcasts zur Amtsenthebung

„Heute ist Donnerstag, der 16. Januar – Tag 114 seit der Einleitung der Impeachment-Untersuchung im Repräsentantenhaus." So begann Hayes Brown seinen Podcast *Impeachment Today,* den das Medienportal *BuzzFeed* gemeinsam mit der New Yorker Streaming-Plattform *iHeartRadio* betreibt. Das etwa 20 Minuten lange Hörstück war die 50. Folge des Informationsformates und der Moderator verkündete stolz, genau diese Episode würde in den nächsten Tagen die Download-Zahlen des Podcasts in den siebenstelligen Bereich heben: Die Millionen-Schallgrenze stünde unmittelbar bevor. Danach veränderte sich die Eröffnungssequenz leicht – Brown ergänzte seitdem auch die Verhandlungstage des Senats.

Impeachment Today war so etwas wie das „junge Format" einer ganzen Flotte von Ein-Themen-Podcasts, die seit dem vergangenen Herbst das ohnehin schon lebhafte Sortiment politik- und nachrichtenorientierter Hörangebote in den USA ergänzt und erweitert hatten. Hayes Brown beschrieb die Vorgänge im Kongress recht niederschwellig und bemühte sich bei den Interviews um eine verständliche, zugängliche Sprache. In unregelmäßiger Folge traten Gäste aus dem Washingtoner Politikbetrieb in der Sendung auf und meldeten sich zu Wort – dabei waren Journalisten, Wissenschaftler und nicht selten die *surrogates* aus beiden Lagern. Rubriken wie *This fuckin´ guy* stellten das handelnde Personal näher vor, außerdem vermeldete der Podcast die Stimmungslage in Washington auf einer Skala von 0 („Normaler Tag in Washington") bis 10 („Richard Nixon tritt zurück und verlässt Washington mit dem Marine One-Helikopter"). Die Werte pendelten meist zwischen 7,5 und 8,0.

Als großer, vernünftiger und nachdenklicher Bruder kam *Impeachment, explained* von Ezra Klein für den digitalen Medienkonzern *Vox* daher. Die Folgen dieses Podcasts hatten eine Länge von etwa 60 Minuten und deckten sowohl tagespolitische Entwicklungen wie auch historische Hintergründe ab. Eine solche Langform gilt als *deep dive podcast,* der viele Details und Expertenwissen vermitteln soll. Auch Klein investierte viel Zeit in die minutiöse Beschreibung des Verfahrens im Kongress und sprach dazu mit Sachverständigen aus Politik, Journalismus und Wissenschaft. Der Podcast wirkte wie ein seriös produziertes Radio-Feature und verfügte über relativ ausführliche *Show Notes* mit Informationen zu den Inhalten und Gästen jeder Folge.

Selbstverständlich hat auch die renommierte *Washington Post* in den vergangenen Jahren ein umfangreiches Audio-Angebot aufgebaut. Der schlicht *Impeachment* betitelte Podcast war dabei eine Art „Aggregator", der Passagen aus verschiedenen Angeboten gesammelt und täglich bereitgestellt hat. Ergänzt um ähnliche Podcasts von *CNN* oder *NBC* erhielt man zwischen Oktober 2019 bis zum Ende des Verfahrens im Februar 2020 ein umfangreiches, mehrmals in der Woche erweitertes Audio-Archiv zum Verlauf des Impeachment-Verfahrens. Die Amtsenthebung als Hörspiel.

Podcasts als Nachrichten im Serienformat

Im Journalismus scheint der Podcast-Boom ungebrochen und erlaubt Medienakteuren, ihr Portfolio zu ergänzen. Hierzulande hat gerade erst die FAZ mit großem Brimborium den *Deutschland*-Podcast gestartet – unter etablierten Medienhäusern ist das eher die Nachzügler-Position, im internationalen Vergleich sowieso. Während in traditionellen Hörfunk-Angeboten meist relativ strenge Form- und Formatbegrenzungen gelten, eröffnen die digitalen Hörstücke Experimentierräume. Ein schönes Beispiel jenseits der *Impeachment*-Podcasts liefert die Wochenzeitung *Die Zeit:* der Interviewpodcast *Alles gesagt* ist erst dann vorbei, wenn der Gast nicht mehr weiterreden möchte. Das führt zu Marathonsendungen von mehreren Stunden Dauer. Rekordhalter ist aktuell der YouTuber Rezo mit 8 h und 40 min Redezeit.

Die Impeachment-Podcasts griffen dabei gleich mehrere Trends auf: Etwa nutzten sie die immer besser werdende technische Ausstattung der Nutzer, die mit ihren Smartphones über leistungsfähige Speicher- und Abspielgeräte verfügen und deren Flatrates die Audio-Dokumente gut verkraften können. Pendler- und Wartezeiten können so mit reichlich Inhalt gefüllt werden; auch für das regelmäßige Workout gibt es auditive Begleitung. Außerdem erfolgt die Bereitstellung der Podcasts im Modus der „Serialisierung", die aus den Mediatheken der Fernsehsender und vor allem durch Streaming-Plattformen bekannt und populär geworden ist. Auch das Podcast-Publikum kann einzelne Beiträge direkt nach Erscheinen konsumieren oder nach Bedarf Beiträge sammeln, um dann in einem *Binge-Listening* mehrere Folgen hintereinander durchzuhören. In Deutschland hat mit dem Beginn der Coronakrise das vom Norddeutschen Rundfunk produzierte „Coronavirus-Update" mit dem Berliner Virologen Dr. Christian Drosten eine Art „Kultstatus" erlangt und viele Nachahmer gefunden.

Den Impeachment-Podcasts fiel es zudem leicht, an fiktionale Polit-Serienwelten wie etwa *The West Wing, House of Cards* oder *Veep* anzuknüpfen: Durch die Verfahrensregeln gab es einen klar umrissenen Zeitraum, für die Abläufe im Senat waren ziemlich genau zwei Wochen veranschlagt. Die Demokraten hatten zu Beginn drei Tage Zeit für ihre Eröffnungsplädoyers (22.-24. Januar), danach folgten ebenfalls drei Tage, die für die Republikaner reserviert waren (25., 27. und 28. Januar, an den Sonntagen ruhte das Verfahren). Danach folgte die Gelegenheit zur Befragung, die für die Senator*innen jedoch nur schriftlich möglich war. Die Podcast-Programmierung folgte diesen Vorgaben und mit entsprechenden Vor- und Nachberichten – mit wachsender Intensität bis zum Höhepunkt des Verfahrens, der Abstimmung über die Amtsenthebung am 5. Februar.

Praktischerweise gab es einen recht festen, übersichtlichen *Cast of Characters,* der in den Lagern die Handlung vorangetrieben hatte. Die Demokratin Nancy Pelosi organisierte als *Speaker of the House* die Anklage des Präsidenten im Repräsentantenhaus, im Senat trat ihr der republikanische Mehrheitsführer Mitch McConnell entgegen. Pelosi hatte neben der Formulierung der Anklageschrift auch das Team der *Impeachment Managers* zusammengestellt, die die Klage als Anwälte des Repräsentantenhauses in der zweiten Kammer des Kongresses vertreten. An der Spitze dieses Teams stand Adam Schiff, der im *House* zuvor die *Impeachment Hearings* geleitet hatte. Parallel hatte Präsident Trump ein Anwaltsteam benannt, das ihn im Kongress verteidigte. Mit dabei waren unter anderem Kenneth Starr, der als Sonderermittler einst im Impeachment-Verfahren gegen Bill Clinton bekannt wurde, und Alan Dershowitz, ein ehemaliger Harvard-Professor, der als Verteidiger so prominenter wie berüchtigter Mandanten (O.J. Simpson, Jeffrey Epstein) aktiv war.

Mitch McConnell, Senator aus Kentucky, war für die formale Durchführung der Anhörung im Senat zuständig – und in dieser Funktion unterstützte er den Präsidenten als eine Art „Verfahrensanwalt". Im Impeachment-Verfahren obliegt es dem Mehrheitsführer im Senat, wesentliche Regeln für die Verhandlung aufzustellen, etwa die Dauer der Eröffnungs-Statements oder den Modus der Befragung. Auch bei der Bestellung von Zeugen oder der Zulassung von Beweismitteln konnte McConnell als wohlwollender Weichensteller des Präsidenten verstanden werden, wenngleich eine lange Liste an Abstimmungen im Senat über die endgültigen Verfahrensregeln entscheidet. Und so gab in den letzten Tagen das Feilschen um den formalen Prozessverlauf einen Vorgeschmack auf die Debatten – in den Impeachment-Podcasts wurde das Gezerre um die Formalia mit verschiedenen O-Tönen abgebildet und vermittelte ein dichtes Bild von der Stimmungslage im Kapitol.

Das Ensemble aus Anklage und Verteidigung gab während des Verfahrens den Takt für die Impeachment-Podcasts vor. So wurden gleich nach dem Start der Verhandlungen O-Töne aus dem Senat zu einem wichtigen Teil der einzelnen Episoden – im Stile eines *highlight reel* wurden besonders schwere Beschuldigungen oder scharfe Wortgefechte zusammengefasst und mit den kommentierenden Passagen der Podcasts vermischt. Man liegt also ganz richtig, wenn man sich die mediale Begleitung des Impeachment als eine Art Mash-Up aus Anwaltsserie und Sportberichterstattung vorstellt.

Interessanterweise beschränkten sich Podcasts nicht auf eine Rolle als rein auditive Inhaltsvermittlung – nicht selten bildeten sich um erfolgreiche Formate aktive Zuhörergemeinschaften, die eine Anschlusskommunikation ermöglichen. Besonders erfolgreiche Podcasts wie *The Daily* oder die *Lage der Nation* sind dazu übergangen, einzelne Episoden vor Publikum einzuspielen und sich so von der allein digitalen Darreichung zu lösen. Auch die Nutzung der Begleitmaterialien *(Show Notes)* erlauben die Vernetzung der Audio-Inhalte mit weiteren, thematisch verwandten Online-Inhalten. Hier können Podcasts einen Beitrag zum medialen Agenda-Setting leisten, durchaus in korrigierender Funktion, wenn ansonsten wenig diskutierte Themen verhandelt werden. Und tatsächlich liefern die politischen Turbulenzen der Coronakrise das Material für ein Weiterführen der Hör-Angebote – aus *Impeachment Today* zum Beispiel wird ab Mitte April *News O´Clock* mit einem aktualisierten Themenspektrum.

Podcasts als „erzählte Politik“

Zusätzlich zur regelmäßigen Begleitung der aktuellen Ereignisse übernehmen die Podcasts noch eine weitere Aufgabe für die öffentliche Diskussion politischer Themen – das gilt insbesondere bei der Verhandlung über die Zukunft des Präsidenten. In geradezu paradigmatischer Weise *erzählen* Podcasts einen laufenden politischen Prozess und tragen dadurch zu seiner gesellschaftlichen Wahrnehmung und Einordnung bei. Aus der Sicht des noch jungen Zweiges der politischen Erzählforschung unterstützen Podcasts die Konstruktion von Politik im öffentlichen Diskurs. Durch die Einbindung in alltagsnahe Dialogsituationen wurde die hochformelle Sprache der Verhandlungssituation geerdet und für den normalen Sprachgebrauch bereitgestellt. Gerade die auf Vereinfachung und Erklärung angelegten täglichen Podcasts finden hier ihre Funktion als „Erzählmaschinen".

Allerdings sind in der immer weiter ausdifferenzierenden Podcast-Landschaft auch Stimmen zu hören, die ihre eigene Agenda verfolgen – allen voran setzte hier ein alter Bekannter aus der Trump-Kampagne von 2016 den Ton. Stephen K. Bannons Podcast mit dem bezeichnenden Namen *War Room: Impeachment* ließ keine Zweifel zu: Es ging hier nicht um eine neutrale Begleitung des Geschehens, sondern um die Unterstützung der „eigenen" Leute und die möglichst vollständige Diskreditierung des politischen Gegners. Anschaulich vorgeführt wurde diese Strategie etwa in Episode 126 vom 22. Januar, als der „Bürgermeister Amerikas" Rudy Giuliani per Telefon zugeschaltet wurde und das Eröffnungsplädoyer von Adam Schiff in Grund und Boden stampfte: „If you don´t state a crime, you never start a trial. Obstruction of Congress is not a crime or misdemeanor. Congress must stop inventing things that are impeachable offenses." Der in seiner Rolle als Anwalt des Präsidenten und durch seine Verwicklung in die Ukraine-Affäre mehr als nur befangene Giuliani entwickelte damit ein für das republikanische Lager sehr anschlussfähiges Deutungsmuster, das allerdings mit dem in der Verfassung niedergelegten Verfahren nichts mehr zu tun hatte.

Formal mag das Impeachment des Jahres 2020 noch der letzten Auflage von 1999 ähneln. Und auch wenn das Verfahren gegen Bill Clinton maßgeblich durch einen radikalen Online-Journalisten angestoßen wurde, so gibt es mittlerweile fundamentale Veränderungen im digitalisierten Mediensystem. Dauerbegleitung im Livestream, Echtzeitkommentare in den sozialen Medien und eben auch die Nacherzählung und Umdeutung des Geschehens in den Podcasts vervielfältigen die Möglichkeiten zur Wahrnehmung der Ereignisse im Kapitol. Das vorläufige Ergebnis dieser Entwicklung ist eine laute, vielstimmige, multiperspektive Darstellung des Impeachment-Verfahrens.

Plattform-Politik

Die *mediale* Spaltung des Landes durchzieht also nicht mehr nur die TV-Networks, wenngleich dort die Grenzlinien am schärfsten gezogen sind: Während bei *Fox* und in den konservativen Wellen des *Talk Radio* Donald Trump als Opfer einer von Niederlagen verbitterten demokratischen Parteielite weichgezeichnet wurde, beschrieben *CNN, MSNBC* und die *New York Times* den Präsidenten als überforderten Unternehmer seiner Selbst. Und das sind nur die verbliebenen Vertreter eines Medien-Mainstreams, der seine Hochzeiten im vergangenen Jahrtausend hatte. Diese doppelte Perspektive auf das Impeachment hätte man erwarten können; denn sie reflektiert nur die in den letzten Jahren (nicht erst seit der Präsidentschaft Trumps) immer stärker gewordene Polarisierung der Medienlandschaft und der politischen Öffentlichkeit – die Amerikaner folgen jenen Outlets, die eine für sie „passende" Meinung unterstützen und sehen, wenn man so will, *zwei* Verfahren: Zerrbilder einer demokratischen oder aber einer republikanischen Medienelite.

In den Weiten der *digital partisan publics* aus Blogs, Foren, Facebook-Gruppen, Twitter-Hashtags und YouTube-Kanälen wurden die Gegensätze zwischen Blau und Rot noch leuchtender ausgemalt und die Gräben zwischen den Parteien noch tiefer geschaufelt.

Fast nebenbei entwickelte sich das Impeachment-Verfahren dabei auch zum Verhaltenstest für Facebook und Twitter. Beide Plattformen sahen sich nach einer Phase der friedlichen Koexistenz einigen Konfrontationen mit dem politischen Washington ausgesetzt. Angesichts der immer wieder aufkeimenden Debatte um die Wirkungen von *fake news* versuchte Facebook das Image der sorglosen Vertriebsplattform für alle Arten von Falsch- und Desinformation abzuschütteln. Die Einrichtung offener Anzeigen-Archive, das „Ausflaggen" falscher Nachrichten und der Einsatz externer fact-checking-Einheiten ließen zwar erkennen, dass das Netzwerk seine Position im politischen Nachrichtenstrom inzwischen hinterfragt. Allerdings funktioniert die Verbreitung falscher oder irreführender Inhalte noch immer beängstigend gut.

Twitter als die deutlich kleinere, aber durch die Tiraden des Präsidenten in das Licht der globalen Öffentlichkeit gerückte Plattform, pflegte einen anderen Umgang mit politischer Werbung. Firmen-Chef Jack Dorsey verkündete im Oktober 2019 das Ende sämtlicher politischer Anzeigen auf der Plattform; die neuen Herausforderungen für den öffentlichen Diskurs seien erheblich und schwer kontrollierbar: „Maschinenlernen zur Optimierung von Nachrichtenversand und Micro-Targeting, ungeprüfte und irreführende Informationen, und ‚deep fakes'. Das alles mit wachsender Geschwindigkeit, von immer besserer Qualität und in einem überwältigenden Maßstab." (Dorsey 2019). Die Regulierung von Kampagneninhalten bleibt hier wie in anderen Medienumgebungen ein Dauerthema.

Ein großer Teil der hyper-personalisierten politischen Kommunikation findet inzwischen sowieso in von außen nicht mehr einsehbaren Winkeln sozialer

Medien statt, als geschlossene Gruppenkommunikation auf Mega-Plattformen oder innerhalb von Messengerdiensten. Dadurch wird der Sound zugleich immer schriller und immer weniger hörbar – denn offen zugänglich sind solche Kommunikationsräume nicht. Jedoch sind das nicht die oft befürchteten Echokammern. Denn noch begegnen sich die Bewohner von *dark social*-Strukturen durchaus über andere Plattformen und Formate. So waren die lokalen und regionalen TV-Netzwerke der größte Profiteur der Zwischenwahlen von 2018. Sie konnten Sendezeit im Wert von immerhin gut drei Milliarden Dollar für politische Werbung verkaufen. Nur – was haben die Betrachter dieser TV-Spots überwiegend gesehen? Negativkampagnen, *attack ads* und nicht themenorientierte *issue ads.* Es gehörte nicht viel dazu, sich auszumalen, welchen Ton die mediale Begleitmusik des Impeachment im Jahr der Präsidentschaftswahl alsbald anschlug. Polarisierung *galore.*

Impeachment-Öffentlichkeit und Soziale Medien

Diese Wahrnehmung gilt zumindest für die klassischen Medienöffentlichkeiten – also Zeitung, lineares Fernsehen, Talk-Radio und für weite Teile der Online-Nachrichtenportale. In den seit den Obama-Kampagnen von 2008 und 2012 politisch salonfähig gewordenen *social media* gestaltet sich der Prozess der Öffentlichkeitsbildung etwas anders. Zwar sind auch hier die professionellen Medienanbieter unterwegs, doch folgen viele Nutzerinnen und Nutzer bei Facebook, Twitter, Instagram oder Youtube dann auch den Kommentaren und Einschätzungen ihrer Freunde und Bekannten. Oder sie orientieren sich an den Aussagen von *Influencern,* die Meriten und Reichweite nicht aus den alten Medienumgebungen beziehen, sondern sich aus unterschiedlichen Gründen einen digitalen Namen gemacht haben. Im Verbund mit einem sich allmählich ändernden Informationsverhalten der Bevölkerung, die immer stärker auf soziale Medien als Informationsquelle setzt, wird aus dem skizzierten Riss in der Öffentlichkeit eine klaffende Lücke.

Zugleich aber gerät dabei eine für die Begleitung und Analyse politischer Kampagnen enorm wichtige Funktion ein wenig aus dem Blick: Die Übersetzung des politischen Wettbewerbs von einem kommunikativen in ein ökonomisches Ereignis. Denn längst sind die digitalen Plattformen zu einem massiven Anzeigenmarkt geworden, der bereits seit langer Zeit auf Hochtouren läuft. Daher lohnt es, sich das Geschehen dort etwas genauer anzusehen. Denn wenn das Ringen um die öffentliche Meinung zum entscheidenden Faktor im Impeachment-Verfahren werden kann, könnten die Marktbewegungen dort auch

Hinweise auf die politischen Kräfteverhältnisse liefern. Die Einsichtnahme in die digitale Werbewelt ist nach der heftigen Kritik insbesondere an der Rolle von Facebook etwas leichter geworden: Das Unternehmen hat seit einer Weile den Zugang zur so genannten *Ad Library* geöffnet. Dort können sich Außenstehende über den Werbemitteleinsatz von Wirtschaft und Politik informieren. Das ist zwar etwas mühsam, oft redundant und langweilig, aber eben doch auch ganz aufschlussreich.

Die *Ad Library* von Facebook

Die Anzeigenbibliothek setzt an einem für den politischen Diskurs nicht unerheblichen Problem an. Die Inhalte der Werbeanzeigen sind nie für das gesamte Publikum sichtbar, sondern können dosiert an beliebig kleine Zielgruppen ausgespielt werden – das Wissen um die Präferenzen und Gewohnheiten ihrer Nutzer bildet einen Teil der Geschäftsgrundlage von Plattformen wie Google, Facebook oder Twitter, die ihren Kunden einen kostenpflichtigen Zugang zu ganz unterschiedlichen Zielgruppen eröffnen. Der Politikwissenschaftler Erik Meyer hat sich aktuelle Facetten politischer Digitalisierung zwischen Partizipation und Plattformisierung genauer angesehen. Soziale Medien sind für ihn längst nicht nur ein wachsender Teil zeitgemäßer Öffentlichkeiten, sondern sie fügen sich auch bestens in die Wettbewerbslogik von Wahlkämpfen ein.

> „Für politische Werbung haben Facebook und Google durch ihr fein granuliertes Wissen über das Nutzerverhalten eine ideale Umgebung geschaffen: Hier müssen die Kampagnen nicht einmal genau wissen, was respektive wie sie kommunizieren wollen. Sie können es durch exzessives A-/B-Testing mit minimal variierten Botschaften und unterschiedlich gestalteten Kommunikationsobjekten experimentell herausfinden. Und wer über die Daten seiner Anhängerschaft verfügt, lässt sich dazu passende ‚Lookalike Audiences' liefern, um potenzielle Wähler zu adressieren." (Meyer 2019)

Mit der *Ad Library* folgt Facebook dem Ruf nach Transparenz. Er war insbesondere nach der Wahl von 2016 laut geworden, weil damals über die Plattform ausgespielte falsche und manipulative Inhalte Einfluss auf den Wahlausgang gehabt haben können. Das Archiv der digitalen Anzeigen erlaubt nun einen Echtzeit-Blick auf einen Teil des Kampagnengeschehens, der der Allgemeinheit in der Regel verborgen bleibt. Er verrät vieles über die Formen moderner digitaler Wahlkampfführung. Als neues Format der Wahlberichterstattung findet sich nun die Diskussion der von Facebook selbst bereitgestellten Zusammenfassungen, die über wesentliche Trends informieren – parallel dazu lohnt aber auch ein selbstständiger Besuch im Datenlager.

Dabei wurde schnell deutlich, wie intensiv die Möglichkeiten zur Ausspielung von Botschaften bei Facebook (oder Instagram und Whatsapp) genutzt werden. Die Suche nach dem Begriff „Impeachment" lieferte in einer durchschnittlichen Impeachment-Woche im November etwa 12.000 Ergebnisse. Darunter waren sowohl zum Zeitpunkt der Suchanfrage aktive Anzeigen (circa 2000), wie auch gut fünf Mal so viele schon wieder eingestellte Angebote. Allein das zeigte die enorme Dynamik bei der Ausspielung während des laufenden Amtsenthebungsverfahrens und stützt die Annahme einer beständig wiederholten Folge von Versuch und Irrtum als Grundprinzip der Plattformkampagnen. Auch ohne präzisere quantitative Analyse zeigte sich beim Durchscrollen per Augenschein, aus welchem Lager der Großteil der Anzeigen stammte – die beherrschenden visuellen Motive sind Trump, Trump und dann folgte noch Trump. Zwischen dem 29. November und dem 5. Dezember wurden ca. 8900 Anzeigen registriert, für die die 471.186 US$ gezahlt wurden – von verschiedenen Organisationseinheiten der Wiederwahl-Kampagne des Präsidenten. Zum Vergleich: Anfang April in der Hochphase der Corona-Krisenkommunikation meldete die Ad Library einen Umsatz von 547.031 US$ im Namen von Donald Trump. Seit Beginn der Aufzeichnungen im Mai 2018 summiert sich das Volumen der Werbeausgaben auf mehr als 36 Mio. US$.

Die Frontstellung der zwei politischen Lager zeigte sich natürlich auch in der Anzeigenbibliothek. Der zweitgrößte Werbetreibende in Impeachment-Dingen war in der untersuchten Woche die Trump nahestehende Wahlkampforganisation *FreedomWorks,* die mit gut 350 Anzeigen gegen Nancy Pelosi, gegen den Ausschussvorsitzenden Adam Schiff und gegen ganz allgemein die *democratic extremists* mobilisierte – gezahlt wurden dafür vergleichsweise schmale 4242 US$. Erst auf Rang vier der Liste findet sich mit *New Direction New Jersey* eine regional aktive Gruppe, die gut 190 Trump-kritische Anzeigen geschaltet hatte.

Show me the money

Nun waren die Facebook-Anzeigen lediglich ein sehr kleinteiliges Element in der medialen Kakophonie, die das Impeachment-Verfahren begleitet. Doch belegten sie sehr gut einen zentralen Mechanismus in US-amerikanischen Kampagnen – und gemessen an den digitalen Moden, die Präsidentschaftswahlkämpfe seit den 1990er Jahren immer wieder hervorbringen, sind sie gewiss genau der letzte Schrei, der auch im heraufziehenden Wahljahr ausgerufen werden wird. Sieht man sich die Anzeigen des Trump-Lagers etwas genauer an, dann zeigte sich sehr präzise, welche Wechselwirkungen die Amtsenthebungs-Initiative der Demokraten provoziert hat: Fast alle Anzeigen verbanden die laute Kritik an den Demokraten, die „die Wahlergebnisse von 2016 umkehren" wollten, mit der Aufforderung zum Spenden für einen sehr zu Unrecht verfolgten Präsidenten.

Und die Spendenkampagne, die als ein *Rebound*-Effekt des Impeachment entstanden ist, hatte es in sich. Das *Time Magazine* machte sich die Mühe, die Facebook-Daten zu Beginn der Impeachment-Debatte genauer auszuwerten und mit Informationen zum Fundraising zu verbinden – dabei zeigte sich ein direkter Zusammenhang zwischen erhöhter Investition in Social Media-Anzeigen und dem „Rücklauf" von Klein- und Kleinstspenden durch eine Vielzahl von Unterstützerinnen und Unterstützern im ganzen Land: „Within 72 hours of Pelosi's announcement, the campaign had raised $15 million in small-dollar donations. On a typical day, it raises approximately half a million in small-dollar donations – those of $200 or under. On Oct. 31, the day the House voted to approve rules for the impeachment inquiry, the campaign raised more than $3 million, around six times the norm, a senior campaign official tells TIME." (Bennett und Wilson 2019).

Damit war die weitere Route klar. Bei jedem weiteren Schritt, den die Demokraten zur Forcierung des Impeachment-Verfahrens unternahmen, wurden tausende giftiger Facebook-Anzeigen geschaltet, die es in den Kriegskassen des Trump-Gefolges klingeln ließen. Ein Beispiel: Am 5.12., dem Tag, als Nancy Pelosi die offizielle Vorbereitung einer Anklageschrift verkündete, zahlte die Trump-Kampagne 157.936 US$ für insgesamt 7643 Facebook-Anzeigen, die sich nur marginal voneinander unterschieden und auf je verschiedene Empfängergruppen zielten.

Neben dem Staunen über Daten und Zahlen räumte der Besuch in der Facebook-Datenkammer zugleich auf mit der Einschätzung, Donald Trump würde sich bei der Wahlkampfplanung auf sein gewinnendes Ego verlassen und es ansonsten nicht so genau nehmen mit aktueller Kampagnentechnologie. Die Facebook-Anzeigen dokumentierten nur das Ausmaß des „Hypertargeting". Weiterer Flurschaden für die politische Öffentlichkeit ergab sich in der Kombination mit den Bemühungen um die Demobilisierung des Gegners.

Und – es gibt ja nicht nur Donald Trump. Der Wochen-Höchstwert für Facebook-Anzeigen Anfang Dezember ging auf das Konto des damals noch aktiven demokratischen *primary*-Kandidaten Mike Bloomberg, der an einem einzigen Tag 162.885 US$ ausgegeben hatte. Der „Unternehmer, Philantroph und 3-maliger Ex-Bürgermeister von New York“ (Selbstdarstellung) kam innerhalb von sieben Tagen auf Ausgaben von 1,2 Mio. US$ – allein bei Facebook und den angeschlossenen Plattformen. Auch die Demokraten spielen also ein *Money Game.* Sie müssen es tun, um im zeit-, kräfte- und eben geldverzehrenden Wettbewerb um die Position als Präsidentschaftsanwärter bestehen zu können – was für Bloomberg galt, traf ebenso auf Warren, Sanders und Biden zu. In der Nutzung der sozialen Medien zum Kampf um Aufmerksamkeit und als Umschlagplatz für politische Unterstützung in Form von Spendengeldern zeigte sich der dominante Kreislauf des US-amerikanischen Wahlkampfs: Ausgetauscht werden nicht Themen, Ideen oder gar Argumente, sondern Geld. Und genau das vertieft die ohnehin schon vorhandenen Gräben in der Gesellschaft. Denn je stärker „Beteiligung“ in „Spenden“ übersetzt wird, desto kleiner wird die Zahl der Bürger, die sich einen solchen „Dialog“ mit politischen Akteuren leisten können.

Das Impeachment als Pferderennen?

Deutlicher als im Impeachment konnte sich die Spaltung der Vereinigten Staaten kaum spiegeln. Donald Trump zu unterstützen, war für viele republikanische Abgeordnete keine Frage der Analyse, sondern Tagesgeschäft im permanenten Wahlkampf: Schließlich wird das gesamte Repräsentantenhaus sowie ein Drittel des Senats im November 2020 neu gewählt.

Nun sind amerikanische Politikerinnen und Politiker daran gewöhnt, dass das Land und sie selbst in den *polls,* den Meinungsumfragen, permanent „vermessen“ werden. Das kann als „Zwei-Böden-Theorie“ des politischen Handelns gefasst werden. Zum einen geht es um Positionen und Programme, zum anderen aber auch um deren *Wahrnehmung* im Lichte von Umfragedaten. In den letzten rund sechs Jahrzehnten ist nachgerade eine „Meinungsforschungs-Industrie“ entstanden, die mit hoher Frequenz entsprechende Daten erhebt. Auch durch die stetig steigende Geldmenge, die Jahr für Jahr in die Wahlkämpfe gepumpt wird, herrscht kein Mangel an *polls* – irgendwo müssen die Milliarden von Spenden-Dollars ja hin. Zudem sind Daten im Format des *Horse Race Journalism* zentral für die Berichterstattung über Wahlkampagnen: die tagtägliche Beschäftigung damit, wer mit wieviel (Prozent-)Punkten gerade vorne liegt.

Natürlich ist auch der Präsident an einer Öffentlichkeitsarbeit und guten *approval ratings* interessiert. Das betrifft mehr als nur die Legitimation seiner

Position. Nicht erst mit Donald Trump nutzt das Weiße Haus das *standing* des Präsidenten in „der Öffentlichkeit“, um den formell unabhängigen Kongress zu beeindrucken. Insofern ist eine Orientierung der Akteure in Washington an Umfragewerten, die vermeintlich *vox populi* Amerikas spiegeln, selbstverständlicher Teil ihres politischen Handelns. Zu Beginn eines Wahljahres war es daher wenig überraschend, wenn die Abgeordneten des Repräsentantenhauses im Zuge der Impeachment-Untersuchung sehr genau beobachteten, was ihre Wahlkreise von dem Geschehen in Washington so hielten.

Zugleich darf als neue Qualität des Kommunikationsklimas in den Vereinigten Staaten festgehalten werden, dass der relative Einfluss von Fakten gegenüber *gefühlten* Wahrheiten schwindet. Es ist das eine, wenn der präsidentielle Kommunikationsstil einen ungewöhnlich lockeren Umgang mit der Sachtreue pflegt. Das andere, wenn in der Folge sich im Lande (und bei Abgeordneten) die Idee verfestigt, man habe es eigentlich immer mit zwei Wahrheiten zu tun: einer rein technischen und einer, die sich harmonisch fügt mit eigenen *Vorstellungen,* wie es hätte sein können (oder sollen). Mit der Präsidentschaft Trump geht ein postmoderner Relativismus „alternativer Fakten“ einher. Rudolph Giuliani z. B. brachte diese Haltung radikal auf den Punkt, als er in *Meet the Press* argumentierte (zur Zeit der Russland-Untersuchungen), der Präsident sollte auf keinen Fall aussagen nur auf der Grundlage von „somebody’s version of the truth“. Worauf ein erstaunter Moderator, Chuck Todd, entgegnete: „Truth is truth!“ Giuliani wiederum formulierte es daher für die Ewigkeit noch einmal präziser: „No, it isn’t truth. Truth isn’t truth.“ (Poniewozik 2019, S. 249).

Der Präsident und das Amtsenthebungsverfahren im Spiegel der *Polls*

Zweifellos ist Donald Trump eine der umstrittensten Persönlichkeiten der US-Geschichte. Das spiegelt sich auch in seinen Zustimmungsraten. Seit Amtsantritt liegt dieser Wert ohne große Schwankungen bei etwa 40 %. Derart niedrig und dazu noch: konstant niedrig lagen solche *approvals* für einen Präsidenten seit über 40 Jahren nicht („Trump Begins Third Year“ 2019). Selbst in der aufkeimenden Corona-Krise gelang Trump kein Befreiungsschlag, wie er für Präsidenten in Krisen- oder Kriegszeiten zu beobachten war: einzig Anfang April erreichten die Werte das Niveau der Inauguration – und auch zu Beginn der Präsidentschaft hatten kaum mehr als 45 % der Befragten die Regierungsarbeit von Donald Trump positiv eingeschätzt. Prägend für Trumps Präsidentschaft ist, dass sich die Kluft zwischen den politischen Lagern eher vergrößerte. Die Fronten haben sich verhärtet. Während die Demokraten ein Ende seiner Amtszeit geradezu herbeisehnen, lassen sich die Anhänger des Präsidenten durch seine Amtsführung kaum irritieren.

So zeigen Daten einer Umfrage des renommierten *PEW Research Center* (von Anfang September 2019), dass das Land je nach Parteineigung so gut wie alles, was die US-Politik beschäftigt, unterschiedlich bewertete („In a Politically Polarized Era" 2019). So waren republikanische Parteigänger zu etwa 31 % der Meinung, man brauche strengere Waffengesetze – gegenüber 86 % der Demokraten. Nur 17 % der Republikaner hielten den Klimawandel für ein größeres Problem, 73 % der Demokraten dagegen schon. Etwa die Hälfte der Demokraten (49 %) glaubte, weiße Amerikaner würden weit mehr als farbige Amerikaner Vorteile in der US-Gesellschaft haben; nur 7 % der Republikaner sahen das ähnlich. Die *PEW*-Umfrage fasste 30 solcher politischer Einstellungsdimensionen zusammen und fand eine durchschnittliche Differenz von 39 Prozentpunkten zwischen den Lagern. Interessanterweise beeinflusste die Parteibindung die verschiedenen Präferenzen und Einstellungen deutlicher als klassische soziodemographische Faktoren wie Geschlecht, Alter, Bildungsgrad, usw.

In dieser parteipolitisch recht starren Situation war es gerade für die Senator*innen der Republikaner wichtig, wie sich die *polls* im Zuge des Impeachment entwickeln. Dabei zeigten ihnen Momentaufnahmen immer wieder, dass Amerika auch hier gespalten war. Wer Trump und seine Amtsführung ablehnte, favorisierte auch ein Impeachment. Umgekehrt waren 96 % derjenigen, die gegen ein Amtsenthebungsverfahren waren, zufrieden mit dem Präsidenten. Das war wenig überraschend. Interessanterweise jedoch war das Verfahren nicht *das* zentrale Thema in den USA im Wahljahr 2020 – lediglich etwas weniger als die Hälfte der Befragten (46 %) gab an, das Impeachment sei extrem oder sehr wichtig für den Wahlentscheid. Um das in Perspektive zu setzen: Die beiden Top-Themen waren die Wirtschaft (83 %) und die Gesundheitsversorgung (80 %). Und – das galt auch für die im November 2020 so wichtigen *independents.* Die US-Wählerschaft zeigte sich also – und das unterstrichen viele Umfragen – einerseits interessiert am Impeachment, andererseits aber nicht sonderlich „bewegt" („Trump Impeachment and Removal" n. d.). Damit schließt sich die Frage an, ob wir es hier mit einer Art *wear-out*-Effekt zu tun haben: Einem Erschöpfungs-Effekt, verstärkt durch die inzwischen traditionelle Frontstellung der Parteilager. Das können einzelne Umfragen nur vage klären. Insofern bieten sich so genannte *polls of polls* an: Datensätze, die mehrere Umfragen zusammenführen.

FiveThirtyEight

Ein recht bekanntes Beispiel hierfür ist *FiveThirtyEight,* eine Nachrichtenwebsite, deren Schwerpunkt im statistik-getriebenen Journalismus liegt. Das Team um Nate Silver hat einen interessanten Datensatz veröffentlicht, der einige Dutzend solcher Meinungsumfragen aggregiert, die danach gefragt hatten, ob Donald Trump seines Amtes enthoben werden sollte – beginnend schon mit den Russland-Untersuchungen von Mueller im Frühjahr 2019 (Bycoffe et al. 2020). Anhand dieser Daten lässt sich nachvollziehen, wie die amerikanische Öffentlichkeit eine Enthebung im Zuge der Ermittlungen zunächst mehrheitlich ablehnte: mit etwas über 50 % gegenüber etwas unter 40 %. Die Werte blieben sich im Zeitverlauf recht konstant; allein die Veröffentlichung des Mueller-Reports am 18. April erzeugte einen leichten Aufschwung der Meinungen, die ein Verfahren befürworteten. Bis Anfang Mai indes pendelten die Zahlen zurück. Und sie bleiben recht ausgeglichen bei diesem Verhältnis von knapp 50 % vs. knapp 40 % bis in den September. Auch die Anhörung von Mueller im Kongress am 24. Juli änderte daran nichts – im Gegenteil, es war sogar ein leichter Rückgang in der Unterstützung eines Impeachments zu beobachten.

Tatsächlich verschoben sich die Daten aber in dem Augenblick, in dem Nancy Pelosi am 24. September anlässlich der Ukraine-Vorwürfe die Eröffnung einer Untersuchung verkündete. In den nächsten rund zwei Wochen kehrte sich das Verhältnis um, wenngleich nicht wirklich dramatisch: Am 7. Oktober werden knapp unter 50 % notiert, die für ein Verfahren sind, etwas über 40 % dagegen. In den folgenden Wochen bis zum 23. November ebnete sich dieser „Vorsprung“ der Befürworter sogar etwas ein – dem Tag, als das *House Intelligence Committee* seine Zeugenbefragungen beendete. Man darf also festhalten, dass Amerika durch die Ukraine-Affäre und die Anhörungen im Repräsentantenhaus zwar „angeschoben“ wurde in Richtung einer Amtsenthebung von Trump, aber relativ betrachtet nur langsam und offenbar nicht in einer dramatischen Weise, die Abgeordneten und Senatorinnen hätte überwältigen können.

Betrachtet man hingegen die Daten nach Parteilagern, dann ergab sich ein eindeutiges Bild. Über das Jahr hinweg befürworteten etwas weniger als 70 % der Parteigänger der Demokraten eine Anklage Trumps; rund ein Drittel der „Unabhängigen“ sahen das ähnlich – und immerhin zwischen acht und zehn Prozent der befragten Personen, die dem republikanischen Lager zuneigen. Die Eröffnung der Untersuchung im Repräsentantenhaus gab dieser Haltung einen leichten, aber erkennbaren Schub: Unter den Demokraten gab es zum

Jahresbeginn 2020 rund 83 % Impeachment-Unterstützer. Bei den Unabhängigen liegt der Wert nun bei rund 44 %, unter Republikanern bei knapp elf Prozent. Auch hier also zeigte sich ein – wenn auch geringer – Einfluss des Verfahrens an sich.

Impeachment as expected – ein nicht sonderlich spannendes Pferderennen

Amerika scheint einiges gewohnt, Trump hatte vieles „eingepreist", wie man an der Börse vielleicht sagen würde: Die Untersuchungen zu seiner möglichen Amtsenthebung bewirkten in der Öffentlichkeit keine erheblichen Meinungsschwankungen – eben ganz so, als seien das doch historische Geschehen und die Vorwürfe keine sonderlich bedeutsamen *news.* Wenngleich sichtbare Bewegungen im einstelligen Prozente-Bereich auch entscheidend sein können, so war der Amtsenthebungsprozess kein nützliches taktisches *tool;* es setzte keine größeren Bewegungen der Meinungen und Einstellungen Amerikas gegenüber Donald Trump in Gang.

Noch im März hatte Nancy Pelosi in einem Interview von einem Impeachment abgeraten. Ein solches Vorgehen sei eher dazu geeignet, die Spaltung des Landes weiter fortzuschreiben. Implizit verwies sie damit auf die geringe Wirkmächtigkeit des Impeachment-Verfahrens selbst. Denn eigentlich ist es ein Mechanismus zur parlamentarischen Kontrolle, und gerade die Orientierung auf den Verlauf der öffentlichen Meinungsbildung zum Impeachment könnte das Instrument selbst entwerten – so blickten denn auch viele demokratischen Senator*innen gespannt auf die Umfragen zu ihrer Wiederwahl im November: Hat eine entschlossene Unterstützung des Amtsenthebungsverfahren möglicherweise Folgen für die Wählerstimmung im eigenen Bundesstaat? In ihrer Studie *Investigating the President. Congressional Checks on Presidential Power* schätzen Douglas L. Kriner und Eric Schickler (2017) die Wirkungen der Untersuchungspraxis eher zurückhaltend ein. Offenbar spielt der Faktor Zeit eine nicht unerhebliche Rolle – erst bei einer Dauer von Wochen und Monaten entfalten Anhörungen eine allmähliche Wirkung auf die öffentliche Meinung. Pelosi dürfte also seinerzeit ganz richtig gelegen haben. Nach der Masse der Umfragen haben die rund 30 Stunden Live-Übertragungen der Zeugenaussagen nur wenige Parteigänger der Republikaner vom Anliegen der Demokraten überzeugt. Es gab keine größeren Absetzbewegungen von Trump. Das Lager seiner Befürworter zeigte sich gefestigt.

Corona ante portas

Der Blick in die verschiedenen Medienumgebungen und das Suchen nach dem Pulsschlag der öffentlichen Meinung zeigt ein mehrfach gespaltenes Land: Die Polarisierung entlang der Parteigegensätze härtet aus und wird durch den Tonfall des amtierenden Präsidenten, der keinen Hieb gegen den politischen Gegner ausspart, weiter verschärft. Die Frontstellung schreibt sich fort in den *partisan media,* die aus ihren Sympathien für die eine oder die andere Seite keinerlei Hehl machen. Neben den noch immer wichtigen „Traditionsmedien" erzählen digitale Angebote in Gestalt von YouTube-Kanälen, Podcasts oder Twitter-Accounts weiter die zwei Geschichten des Impeachments. Digitale Plattformen wie Facebook werden dabei immer stärker in den Finanzkreislauf des Wahlkampfs eingebunden und fungieren als Geldquelle für die Kampagnen. Das Impeachment-Verfahren als zeitlich klar bestimmter Vorgang mit Anfang und Ende hat diese Prozesse wie unter einem Mikroskop sichtbar gemacht – und zugleich die Blaupause für den weiteren Verlauf des Wahljahres geliefert. Allerdings birgt die zum Ende des Impeachments bereits im Hintergrund schwelende Coronakrise das Potenzial, als mächtiges Störfeuer zu wirken. Denn der üblicherweise fest gefügte Wahlkalender mit Vorwahlen, Nominierungsparteitagen und TV-Debatten ist bereits jetzt erheblich ins Wanken geraten.

Abschluss, *pundit style* 5

Es war einmal eine Zeit, da herrschte Etikette in Amerika. Und Tugend. Auch ein Nachdenken darüber, was die Vereinigten Staaten von ihren Politiker*innen erwarten (dürfen) – Haltung, Respekt, Fairness. „It's disgusting" schallte es dagegen wenige Stunden, bevor der Senat Donald Trump im Impeachment-Verfahren freisprechen sollte. Zum Thema Würde sprach: Kellyanne Conway (Präsidentenberaterin) auf *Fox News* (Präsidentenfernsehen). „We expect more from our leaders" – womit nicht mehr Druck auf die Ukraine gemeint war, sondern mehr Anstand von Nancy Pelosi, die am Abend zuvor ihren Eindruck von Trumps *State of the Union* Ausdruck verliehen hatte, indem sie eine Kopie der Rede zerriss. Kameragerecht im Schlussapplaus. „What happened to Nancy Pelosi?" fragt sich also Conway und antwortet gleich selbst: „She lost control", diese „third-grade politician", der „level of frustration" sei zu hoch. Das sei, so der Tenor der Fox-Runde, nicht nur *kindergarten, childish,* sondern traurigerweise stimmig. Schließlich hätten die Demokraten auch nicht applaudiert, als Trump die Erfolge seiner Wirtschaftspolitik aufgezählt habe – sie hielten eben nichts von harter Arbeit, diese (radikalen) Sozialisten.

Zwölf Uhr mittags, und in Washington bereitete man sich auf den Schlussakt des Schauspiels vor, dessen Ende jeder kannte. Wer umschaltete zu CNN, sah ebenfalls Stilkritik: Diesmal in Form einer selbsterklärenden Gegenüberstellung von Ausschnitten der *State of the Union* mit einem Wahlkampfauftritt Trumps, bei dem er u. a. seine Migrationspolitik wie üblich legitimierte („stone cold rapists"). Etwas sachlicher ging man dazu über, die weniger traditionell gehaltene Rede im Kongress zu sezieren: Die Arbeitsmarktpolitik Trumps, beispielsweise, sei eben nicht so überragend, wie er es verkünde. Und dass Pelosi die Rede zerriss – ein Symbol womöglich nur, dass die Ansprache einfach schlecht war. MSNBC, ein Kabelkanal, der den Demokraten nahe steht, hielt sich ebenfalls bei Pelosi auf,

C. Bieber und K. Kamps, *Das Impeachment um Donald Trump,* essentials,
https://doi.org/10.1007/978-3-658-30744-8_5

gibt ihr aber Gelegenheit zum klärenden *soundbite.* Zerrissen habe sie, sagt sie, ein „manifest of untruth". Und: „Watch what he is doing, not what he is saying!".

I cried

Truth war überhaupt ein Stichwort in diesen Stunden vor der Impeachment-Abstimmung im Senat. Bei Fox bereitete man sich mit Sprachrohr Conway auf den kommenden Triumph vor, der auch eine Niederlage von Adam Schiff sei, der federführend die Anklage im Repräsentantenhaus vorbereitet hatte. Schiff, so Conway, sei ein übler Lügner. Er lüge praktisch ununterbrochen. Wer also vor dem amerikanischen (Kabel-)Fernsehen die Abstimmungen im Impeachment auf sich wirken ließ, der wurde recht plastisch damit konfrontiert, was das Land so trennt: *Tribal politics* und Tendenzjournalismus gehören dazu. Insbesondere *Fox News* und seine *Ideology-Talk-Shows* wie *Hannity* stehen seit Jahren mit ihrem extrem einseitigen Realitätsangeboten unter politischem Verblödungsverdacht. Rigorosität und ideologische Färbung zeigt sich auch bei MSNBC, aber nicht mit der Polemik, wie es bei Fox inzwischen Routine ist. CNN (es gäbe noch mehr Kabelsender von Interesse) wird zwar von Trump selbst als *fake news* markiert, aber von der Kommunikationsforschung eher ausgeglichen gesehen. Der Sender ist sicher kritisch Trump gegenüber, bindet jedoch häufig Kontextinformationen ein und hinterfragt Strategien der Demokraten.

Ein wesentlicher Unterschied in den Talk-Shows der Sender macht – neben Polemik und Einseitigkeit – die Emotionalisierung aus, mit der Nachrichten gerahmt und Diskussionen geführt werden. Dazu bezieht man klar Position und emotionalisiert z. B. über Ressentiments. Das *Framing* aktuellen Geschehens orientiert sich etwa bei Fox News an einem strikten Ingroup-Outgroup-Denken *(„us against them")*. Journalistische Standards? Dazu Alisyn Camerota, eine Moderatorin, die von Fox & Friends zu CNN wechselte: „The single phrase I heard over and over was ‚This is going to outrage the audience!' You inflame the viewers so that no one will turn away. *Those* were the standards." (Mayer 2019). Inzwischen gilt „empathic media" als stilbildendes Element rechtskonservativer Medien: eine Orientierung an der „emotionalen Seite" von Konflikten, personalisiert oft über Moderatoren wie Sean Hannity, Laura Ingraham oder Bill O'Reilly. Im Impeachment-Verfahren ließ sich gut beobachten, wie Sean Hannity und Tucker Carlson Meinungs- und Aufregungsjournalismus betrieben im Stile von „Character Assassinations" gegenüber Demokraten und Zeugen des Verfahrens.

Einen besonders faden Beigeschmack dürfte für die Demokraten die Ehrung von Rush Limbaugh gehabt haben, dem Präsident Trump „spontan" während der *State of the Union* den höchsten zivilen Orden der USA verlieh. „Zivil" ist hier nichts als Ironie: Denn eben dieser Limbaugh ist es, der mit seiner sensationalistischen und (erz-)konservativen Radioshow Ende der 1980er Jahre den *Ideology Talk* nachgerade erfindet – und landesweit erfolgreich wird mit Rundum-Beleidigungen und Krawall-Monologen. So erinnerte dann bei MSNBC Nadeam Elshami, ehemaliger Stabschef von Pelosi, daran, was Limbaugh im Laufe der Jahre so alles über seine Chefin im Speziellen und die Demokraten im Allgemeinen von sich gegeben habe. Ihm demonstrativ bei der *State of the Union* einen Orden zu verleihen, sei schlicht unwürdig.

Bei Fox hingegen war genau diese Ehrung von Limbaugh, der emotionale Höhepunkt („I cried"; „I was so touched"; „everybody should be standing up") – Höhepunkt einer Inszenierung, die man schlicht als meisterliche „stage craft" anerkennen müsse: Der Reality-TV-Star Trump habe geliefert, so die Fox-Runde. Handwerk halt. Nach wie vor in der Kritik stand dagegen Pelosi: Mit dem Zerreißen der Rede habe sie all die Leute beleidigt, von denen Trump in der *State of the Union* redete – das kleine Mädchen mit dem Stipendium, den heimkehrenden Afghanistan-Veteranen und überhaupt. Und Vizepräsident Mike Pence, zugeschaltet, erweiterte das dann noch um den feinen Gedanken, im Grunde genommen habe sie die Verfassung zerrissen. Auch nicht schlecht, diese Volte, angesichts dessen, was gerade auf der Tagesordnung des Senats stand.

Mitt und die anderen

Der Senat stimmte, wie erwartet, mit der Mehrheit der Stimmen der Republikaner gegen eine Amtsenthebung von Präsident Trump. Allein Mitt Romney, immerhin ehemaliger Präsidentschaftsbewerber eben dieser Republikaner, stimmte mit den Demokraten.

Am Abend dann sinnierte Sean Hannity mit dem republikanischen Mehrheitsführer im Senat, Mitch McConnell, über die Motive der Demokraten. „What is driving them?" Sie leiden offenbar unter einer „breathtaking hypocrisy", so Hannity. Für McConnell war klar, dass die „Dems" ein Impeachment schon von Beginn der Präsidentschaft an geplant hätten. „It was political right from the beginning." Nun erlebten sie ein kolossales Debakel, einen „backlash": Die Meinungsumfragen zeigten einen Stimmungsumschwung zu Gunsten Trumps. (Laufleiste: „Dem's Worst Nightmare Becomes a Reality"). Hannity:

„All this success: new jobs, trade deals, a long list, long list.“ Und um klar zu machen, dass er auch künftig gerne daran teilhabe: „I am not sick of winning.“ Faszinierend, dass man die Gemütslage eines amerikanischen Präsidenten ziemlich präzise nachempfinden kann, wenn man einen (bestimmten) Fernsehsender einschaltet.

Einigermaßen konsequent schaffte es Fox News am letzten Tag dieses Impeachment-Verfahrens, kein Wort über die Vorwürfe gegen Trump zu verlieren. Dass aber keineswegs Schluss sei mit dem, was hier losgetreten wurde, das zeigte sich an vielen Stellen. Noch bei Hannity verstieg sich der Republikaner Trey Gowdy zu einem interessanten Konjunktiv, angesprochen auf Hunter Biden: Nun, da läge noch kein Beweis für eine Korruption vor. Noch nicht! Schließlich habe bislang keiner so richtig hingeschaut.

Auf der Unterstützer-Couch bei *Fox & Friends* am Morgen danach gab es nur ein Thema: Mitt Romney, Abweichler, Überläufer zu den „vicious democrats“. Der sei auf die Radikalen hereingefallen. „He bought all those lies“. Ohne auch nur eine Sekunde auf Romneys fast spirituelles Statement einzugehen (was CNN und MSNBC ausführlich machten und als „standhaft“ rahmten), befand man ihn als charakterschwach. Aber das (den Verrat) werde der Präsident sicher nicht vergessen. (Fox sicher auch nicht.) Trump, im Übrigen, arbeite hart für das amerikanische Volk. Ergebnis, Achtung: Die bemerkenswertesten drei Jahre, seit Jesus (!) über die Erde gelaufen sei. Bemerkenswert auch die Idee, Nancy Pelosi habe sich womöglich strafbar gemacht. Das Papier, das sie da nach der *State of the Union* zerrissen habe, sei schließlich nicht ihr eigenes gewesen. Kurz: alles in allem hätten sich die Demokraten den falschen Präsidenten für eine Amtsenthebung ausgesucht.

Change (you can believe in)?

Das sahen sie dann neuerlich – und sicher auch jene republikanischen Senatoren, die noch glaubten, Trump habe aus dem Impeachment gelernt. *(Lessons learned?)* „Will there be no retribution?“ fragt sich das Weiße Haus ahnungsvoll gleich im ersten Pressestatement nach dem Freispruch. Und Stephanie Grisham, so etwas wie die Pressesprecherin von Trump, bei *Fox & Friends:* „I think he's going to also talk about just how horribly he was treated and that maybe people should pay for that.“ Zeugen, beispielsweise?

Dieser *talk* kam in Trumps erstem öffentlichen Auftreten nach dem Impeachment, bei einem *prayer breakfast:* Nancy Pelosi sei eine „horrible person“, sie wie auch Adam Schiff seien „vicious and mean“ und Romney, jener „failed presidential candidate", habe sein Gewissen nur vorgeschoben: „I don't like people who use their faith as justification for doing what they know is wrong." Überrascht war offenbar keiner, denn eine der Konstanten dieser Präsidentschaft ist, dass Trump seine politischen Gegner oder aber auch Mitarbeiter, die ihren Job hinschmissen, mit Häme und Beleidigungen eindeckt. Und überhaupt alle, die ihm unbequeme Wahrheiten vermitteln (wollen). In dieser Bibelstunde hörten sich seine Gegnerbeschreibungen wie folgt an: „bad", „dirty", „horrible", „evil", „sick", „corrupt", „scum", „leakers", „liars", „vicious", „mean", „lowlifes", „non-people", „stone-cold crazy" and „the crookedest, most dishonest, dirtiest people I've ever seen." Von einer Etiketten-Kritik durch Kellyanne Conway ist nichts bekannt.

Auch darüber, dass Lt. Col. Alexander Vindman (als Kollateralschaden sein Zwillingsbruder gleich mit) und der US-Botschafter bei der EU, Gordon Sondland, sofort ihrer Posten enthoben wurden – auch darüber wunderte sich in Washington vermutlich niemand. Schon witzig der Tweet von Präsidentensohn Donald Trump jr., der sich bei Sondland bedankte, immerhin sei durch seine Aussage im Repräsentantenhaus klar geworden, wen man sonst noch feuern müsste. Es sind übrigens nicht nur diese Zeugen des Repräsentantenhauses; der Karriereweg von rund einem Dutzend anderer Laufbahnbeamter, die in diesen Monaten sich intern „schwierig" zum Verhalten von Trump äußerten, wird offenbar blockiert (Baker 2020).

Aber das war natürlich *kindergarten* gegenüber dem, was „wirklich" zählt. Knapp eine Woche nach dem Ende des Impeachment intervenierte Trump per „Meinungskundgabe" auf Twitter zugunsten seines Weggefährten Roger Stone, für den die Staatsanwälte eine Haftstrafe von bis zu neun Jahren verlangt hatten. „Nine years in jail. It's a disgrace. (…) The people that launched this scam investigation, and what they did is a disgrace." Vier Staatsanwälte zogen sich daraufhin aus dem Fall zurück – und das Justizministerium nahm sich der Sache mit einer freundlicheren Sichtweise an. Auf ein präsidentielles *pardon* sollte man wetten.

Lessons learned? Ganz sicher. Aber ebenso sicher nicht die Lektion, an die man gedacht hatte. Vielleicht mag vor dem Verfahren noch ein kleines Stück Unsicherheit vorhanden gewesen sein. Jetzt „weiß" Trump es: Die Republikaner des Kongresses werden ihn bei allem den Rücken freihalten. Das reicht dann von den Beschimpfungen seiner politischen Gegner über den blanken Unsinn, den er gelegentlich von sich gibt, bis zur Aushöhlung der demokratischen Institutionen des Landes, das er vorgibt, wieder groß zu machen. Nun attackiert er die Unabhängigkeit der Justiz. *Lessons not learned?* „The real crimes were on the other side" twitterte Trump mitternachts – nur als Auftakt für eine Reihe an

„Botschaften", die man lesen könnte als profunde Angriffe auf die Integrität der Justiz, nur mager verpackt als persönliche Vendetta gegen einen *deep state,* der ihn da aus dem Amt entfernen wollte.

Nicht ganz drei Jahre zuvor, am 1. März 2017, hatte sich Präsident Trump bereit erklärt, an einer Dokumentation teilzuhaben – *The Words that Built America* –, in der er und ehemalige Präsidenten, Verfassungsrichter und Senatoren, u. a. Teile der Verfassung zitieren würden. Trump hatte sich Artikel 2 der Verfassung ausgesucht – den Artikel also, der die Macht des Präsidenten festschreibt und gegenüber den anderen Staatsgewalten abgrenzt. Der Präsident und ehemalige Reality-TV-Darsteller schaffte es über Dutzende Versuche nicht, die Textstelle fehlerfrei zu rezitieren – und gab dabei so ziemlich jedem und allem die Schuld daran. Licht, Rascheln, fehlende *Coke.* Im Übrigen, so Trump schließlich, sei die Sprache dieser Verfassung doch wirklich ungewöhnlich. „It's like a different language, right? It's like a foreign language!". Das mag uns optimistisch stimmen: Womöglich ist Trump gar nicht so übel, wie man meinen könnte. Womöglich leidet er nur unter einer Art *konstitutioneller Dyslexia.* Einer Unfähigkeit, die Verfassung zu *verstehen.*

6 Impeachment, Primaries, Corona: Was bedeutet das alles?

Das *acquittal,* der Freispruch für Donald Trump am 5. Februar erfolgte inmitten einer sehr amerikanischen Woche: Am Sonntag zuvor hatten die Kansas City Chiefs das Endspiel der National Football League gegen die San Francisco 49ers gewonnen. Der Konfetti-Regen in Miami hatte sich gerade erst gelegt, da stand am nächsten Tag mit dem Iowa Caucus der offizielle Start in die Wahlsaison auf dem Programm. Für den 4. Februar, nur einen Tag vor der Urteilsverkündung im Senat war (lange schon) die *State of the Union*-Rede von Donald Trump vor dem Kongress terminiert. Die jährliche Rechenschaftslegung des Präsidenten vor der versammelten Legislative wurde im Licht der rahmenden Ereignisse zu einer unverhohlenen Triumphgeste von und für Donald Trump. Die Woche endete im Übrigen mit der Oscar-Verleihung im traditionell eher demokratisch gesonnenen Hollywood.

Auch wenn das Amtsenthebungsverfahren gescheitert ist – gerade vor diesem Hintergrund zeigt sich die besondere Bedeutung des Verfahrens. Die Woche erscheint als eine Art „Ereignishorizont", an dem sich drei zentrale politische Ereignislinien des Wahljahres 2020 gekreuzt haben – im Hintergrund von Impeachment und Auftakt der Vorwahlen war nämlich auch die heraufziehende Coronakrise ein Thema für die Trump-Administration, wenngleich zunächst nur im Verborgenen.

Aufgrund der zeitlichen Nähe zur *primary season* gerieten als Erstes die möglichen Wechselwirkungen mit der Kandidatenauslese der demokratischen Partei in den Blick. Dass die Republikaner auf ihren Amtsinhaber setzen würden, war ausgemachte Sache. Der unmittelbare Effekt auf den Iowa Caucus wirkt rückblickend nicht allzu schwer: Die in das Impeachment eingebundenen Senatoren (immerhin: Bernie Sanders, Elizabeth Warren und Amy Klobuchar) saßen in Washington fest und ihnen war ein intensives *campaigning on the ground* kaum

C. Bieber und K. Kamps, *Das Impeachment um Donald Trump,* essentials,
https://doi.org/10.1007/978-3-658-30744-8_6

möglich. Größeren Einfluss auf die Debatte hatten dagegen die technischen Probleme bei der Übermittlung und Zusammenführung der Abstimmungsresultate via App. Nicht nur von einem durch Freispruch und *State of the Union*-Ansprache euphorisierten Donald Trump mussten sich die Demokraten vorhalten lassen, sie könnten nicht einmal die Vorwahlen in solch einem kleinen Bundesstaat wie Iowa fehlerfrei organisieren.

Im öffentlichen Disput stachen die zentralen Stilmittel trumpistischer Amtsführung deutlich hervor: Die Verachtung des politischen Gegners, das Anheizen des politischen Wettbewerbs sowie die rücksichtslose Verpflichtung der republikanischen Partei auf seine Person. Dass Nancy Pelosi als Mehrheitsführerin im Repräsentantenhaus das ihr nach der SOTU-Rede übergebene Manuskript im dröhnenden Applaus vor laufenden Kameras zerriss, spiegelte die Stimmung in Washington vermutlich angemessen wieder – Etikette, Verfassung und institutionelle Routinen verlieren ihren Wert.

Noch im Februar war davon auszugehen, dass die Situation unmittelbar nach dem erfolgreich überstandenen Impeachment zur weiteren Vorschau auf die kommenden Monate taugen würde: Während sich das demokratische Bewerberfeld unter viel Getöse verkleinert, nutzt der Präsident die Zeit für die von ihm so geliebten *campaign rallies.* Inzwischen wissen wir: in diesem von der Coronakrise völlig ausgehebelten Wahljahr wird alles anders.

Den ersten radikalen Einschnitt gab es am 17. März: Die für dieses Datum angesetzten Vorwahlen im Bundesstaat Ohio wurden von Gouverneur Mike DeWine auf Anfang Juni verschoben. Angesichts steigender Infektionszahlen im ganzen Land folgten mehrere Bundesstaaten diesem Beispiel, so dass sich mit dem 2. Juni ein neuer „Super Tuesday" herauskristallisiert hat. Doch damit nicht genug: schon frühzeitig verlegten die Demokraten ihren Nominierungsparteitag vom Juli auf August. Stattfinden soll er in Milwaukee, im *battleground state* Wisconsin, wo unter mehr als fragwürdigen Bedingungen am 7. April zum letzten Mal die Wahllokale geöffnet worden waren.

Auch bei Verzögerungen in den Vorwahlen und einer verschobenen *party convention* steht Joe Biden als demokratischer Bewerber um das Präsidentenamt fest. Unter dem Eindruck der Coronakrise hatte schließlich der letzte verbliebene Kontrahent Bernie Sanders eingelenkt und Biden seine Unterstützung zugesichert. Es brauche einen „Strukturwandel im Weißen Haus", eine Stichelei in Richtung des umstrittenen, selbstbezüglichen Krisenmanagements von Donald Trump. Die in der Krise auch in den USA eingeführten Regeln des *social distancing* erfordern von den Bewerbern um das Präsidentenamt eine radikale Umstellung ihrer Kampagnenführung. In normalen Zeiten laufen große Teile des Wahlkampfs sehr kontaktfreudig ab. Das reicht von Wohnzimmertreffen bis zum

Pendeln von einer Haustür zur nächsten, von den *field offices,* in denen man sich trifft, bis zum Dauerhändeschütteln der Kandidaten. Das alles geht jetzt nicht mehr. Deshalb müssen sich die Kampagnen in die traditionellen Medien verlagern und gleichzeitig neue digitale Formate erfinden.

Damit stehen die USA vor einem in vielfacher Hinsicht außerordentlichen Wahljahr. Unter den Bedingungen der Coronakrise droht die Möglichkeit eines weitreichenden Ausnahmezustandes. Er würde dem Präsidenten außerordentliche Befugnisse in die Hände legen – und Trump hat bereits Mitte April seinem Amt eine „totale Autorität" zugeschrieben. Inwiefern im Modus eines *nationwide emergency* die Machtkonzentration im und um das Weiße Haus für eine Neuordnung des Wahlkampfs sorgen würde, ist vollkommen unklar. Sicher ist jedoch, dass der Präsident als Krisenmanager automatisch im Vorteil gegenüber einem Gegenkandidaten wäre, für den ein eingeschränkter Bewegungsradius gilt und der auch einen eingeschränkten Zugang zu medienbasierten Foren des politischen Diskurses in Kauf nehmen müsste. Ein fairer Wettstreit um die Zustimmung der Wählerschaft scheint im Ausnahmezustand kaum möglich.

Viel stärker als anderswo in der Welt strukturiert in den USA der laufende Wahlkampf den Kampf gegen das Virus – und fordert so den Amtsinhaber auf besondere Weise heraus. Dabei ist darauf hinzuweisen, dass für viele Beobachter gerade der Februar als ein „verlorener Monat" der Krisenbekämpfung gilt. Just in der Zeit, als sich das Trump-Lager mit den Anschuldigungen im Impeachment-Prozess beschäftigen musste, mehrten sich die ersten Alarmmeldungen von Gesundheitsexperten und Nachrichtendiensten. Die Aufmerksamkeit des Weißen Hauses erreichten die Hinweise auf das Virus offenbar nicht, wohl auch, weil *image control* und *news management* andere Schwerpunkte gesetzt hatten. Weiter aufgearbeitet werden diese Ereignisse wohl erst mit etwas zeitlichem Abstand – wie auch bisher die von Trump ausgebooteten Mitarbeiter in schöner Regelmäßigkeit ihre Erlebnisse in Buchform an die Öffentlichkeit weiter gereicht haben.

Festzuhalten bleibt, dass das Impeachment-Verfahren gegen Donald Trump vielfältige Auswirkungen hat. Es ist die Momentaufnahme eines parlamentarischen Systems, das von einem selbst- und machtbesessenen Präsidenten in eine gefährliche Schieflage gebracht worden ist. Es dokumentiert eine parteipolitische Polarisierung, die weit über einem vernunftorientierten Streit in Sach- und Personalfragen steht. Politische Routinen und elementare Verfassungsmechanismen wie die *checks and balances* werden außer Kraft gesetzt. Die Verhärtung der Fronten im Impeachment-Verfahren und Trumps unnachgiebiges Verhalten seiner (ihm) eigenen Partei hat dazu beigetragen, dass in der unmittelbar folgenden Ausnahmesituation der Coronakrise kein öffentlicher Diskurs mehr stattfindet. Der Präsident spricht bestenfalls noch mit „seinen" Medien und „seinen" Wähler*innen – die „Vereinigten Staaten" interessieren ihn nicht.

Im konkreten Krisengeschehen vor Ort wird darüber hinaus das Verhältnis zwischen den verantwortlichen Gouverneuren und der Exekutive in Washington auf eine harte Probe gestellt. Es verwundert daher kein Stück, wenn Andrew M. Cuomo, der Gouverneur des besonders betroffenen Bundesstaates New York, an die Verfassungsgründer erinnert: „Wir haben keinen König in diesem Land. (…) Es gibt Gesetze, und es gibt Fakten – sogar in einer derart wilden politischen Umgebung." (Savage 2020)

Was Sie aus diesem *essential* mitnehmen können

- Die Abläufe im Umfeld des Impeachment zeigen einen vollständig auf die Person Donald Trumps bezogenen politischen Machtapparat in Washington. Die politische Steuerungszentrale wird systematisch mit Unterstützern des Präsidenten besetzt, Kritiker*innen werden aussortiert und ggf. aus ihren Ämtern entlassen.
- Die politischen Fronten sind verhärtet, die Konfrontation von Demokraten und Republikanern im Impeachment-Verfahren lässt keinen überparteilichen Konsens zu und führt zu einer weiteren Polarisierung im Parteienwettbewerb.
- Das Verfahren macht deutlich, dass im politischen System der USA eine Schieflage zugunsten der Exekutive entsteht. In der Verfassung verbriefte Sicherungsmechanismen *(checks and balances)* werden ausgehebelt, der Präsident verschafft sich neue Spielräume, die in der einsetzenden Corona-Krise ausgeweitet werden.
- Die US-amerikanische Medienlandschaft ist zutiefst gespalten, sowohl mit Blick auf die traditionellen Massenmedien wie auch in digitalen Medienumgebungen. Insbesondere sozialen Netzwerken kommt bei der Organisation von Kampagnen eine immer größere Bedeutung zu, vor allem als neuer Kanal der Kampagnenfinanzierung.
- Das Impeachment-Verfahren ist eng verwoben mit der frühen Phase des Präsidentschaftswahlkampfs 2020 und gibt einen Vorgeschmack auf die Auseinandersetzungen in der zweiten Jahreshälfte. Zugleich beeinflusst die – in den letzten Tagen des Impeachments heraufziehende – Corona-Krise die Organisation des Wahljahres enorm und stellt das Land vor eine zusätzliche Herausforderung. Ein fairer Wahlkampf scheint unter diesen Vorzeichen kaum denkbar.

C. Bieber und K. Kamps, *Das Impeachment um Donald Trump*, essentials,
https://doi.org/10.1007/978-3-658-30744-8

Literatur

Baker, P. (11. Februar 2020). Trump's war against ‚the Deep State' enters a new stage. *The New York Times*. https://www.nytimes.com/2020/02/11/us/politics/trump-vindman.html.

Benkler, Y., Faris, R., & Roberts, H. (2018). *Network propaganda. Manipulation, disinformation, and radicalization in American politics*. New York: Oxford University Press.

Bennett, B. & Wilson, C. (05. Dezember 2019). The Trump campaign has raised millions off impeachment — And facebook is one of its most powerful tools. *Time*. https://time.com/5744415/trump-campaign-impeachment-facebook-advantage/.

Bycoffe, A., Koeze, E. & Rakich, N. (12. Februar 2020). Did Americans support removing Trump from office?. *FiveThirtyEight*. https://projects.fivethirtyeight.com/impeachment-polls/.

Dorsey, J. [@Jack]. (30. Oktober 2019). We've made the decision to stop all political advertising on Twitter globally. [Tweet]. https://twitter.com/jack/status/1189634360472829952.

Fandos, N., & Shear, M. D. (04. Dezember 2019). Scholars call Trump's actions on ukraine an impeachable abuse of power. *The New York Times*. https://www.nytimes.com/2019/12/04/us/politics/trump-impeachment.html.

Fandos, N., & Stolberg, S. G. (31. Oktober 2019). A divided house endorses impeachment inquiry into Trump. *The New York Times*. https://www.nytimes.com/2019/10/31/us/politics/house-impeachment-vote.html.

Grynbaum, M. M. (16. November 2019). In prime time, two versions of impeachment for a divided nation. *The New York Times*. https://www.nytimes.com/2019/11/16/business/media/impeachment-media-fox-msnbc.html.

In a Politically Polarized Era, Sharp Divides in Both Partisan Coalitions. Partisanship remains biggest factor in public's political values. (17. Dezember 2019). *Pew Research Center.* https://www.people-press.org/2019/12/17/in-a-politically-polarized-era-sharp-divides-in-both-partisan-coalitions/.

Kriner, D. L., & Schickler, E. (2017). *Investigating the president. Congressional checks on presidential power*. Princeton: Princeton University Press.

Lepore, J. (21. Oktober 2019). The invention - and reinvention - of impeachment. *The New Yorker.* https://www.newyorker.com/magazine/2019/10/28/the-invention-and-reinvention-of-impeachment.

C. Bieber und K. Kamps, *Das Impeachment um Donald Trump*, essentials, https://doi.org/10.1007/978-3-658-30744-8

Mayer, J. (11. März 2019). The making of the fox news white house. *The New Yorker*. https://www.newyorker.com/magazine/2019/03/11/the-making-of-the-fox-news-white-house.

Meyer, E. (2019). Das sind die wichtigsten Trends im Campaigning. *politik & kommunikation*. https://www.politik-kommunikation.de/ressorts/artikel/das-sind-die-wichtigsten-trends-im-campaigning-54529709.

Nelles, R. (23. November 2019). Trump und der Whistleblower. Warum die Ukraine-Affäre so brisant ist. *Spiegel Online*. https://www.spiegel.de/politik/ausland/trump-vs-joe-biden-warum-die-ukraine-affaere-so-brisant-ist-a-1288064.html.

Poniewozik, J. (2019). *Audience of one. Donald Trump, television, and the fracturing of America*. New York: Liveright Publishing.

Priess, D. (2018). *How to get rid of a president. History's guide to removing unpopular, unable, or unfit chief executives*. New York: Public Affairs, Hachette Book Group.

Read Nancy Pelosi's Remarks on Articles of Impeachment. (05. Dezember 2019). *The New York Times*. https://www.nytimes.com/2019/12/05/us/politics/pelosi-impeachment-trump.html?action=click&module=RelatedLinks&pgtype=Article.

Rogers, K. (11. Oktober 2019). At Louisiana rally, Trump lashes out at impeachment inquiry and Pelosi. *The New York Times*. https://www.nytimes.com/2019/10/11/us/trump-rally-louisiana-lake-charles.html.

Savage, C. (14. April 2020). Trumps claim of total authority in crisis is rejected across ideological lines. *The New York Times*. https://www.nytimes.com/2020/04/14/us/politics/trump-total-authority-claim.html.

Schreyer, S. (2018). Präsident Trump, der Kongress und das System der Checks and Balances. In P. Horst, P. Adorf, & F. Decker (Hrsg.), *Die USA - eine scheiternde Demokratie?* (S. 151–168). Frankfurt a. M.: Campus.

Trump Begins Third Year With Low Job Approval and Doubts About His Honesty. Views of economy remain positive, divided by partisanship. (18. Januar 2019). *Pew Research Center*. https://www.people-press.org/2019/01/18/trump-begins-third-year-with-low-job-approval-and-doubts-about-his-honesty/.

Trump Impeachment and Removal. From Office: Support/Oppose (n. d.). *RealClear Politics*. https://www.realclearpolitics.com/epolls/other/public_approval_of_the_impeachment_and_removal_of_president_trump-6957.html.